会社法入門 20講

菅原貴与志［著］
Takayoshi Sugawara

Invitation to Corporate Law

勁草書房

は し が き

　会社法とは，会社の設立，組織，運営，管理の一切を規律する基本法であり，会社企業の存立と活動を保障し，企業をめぐる利害関係を調整することを目的としています。機動性や柔軟性が高く，適正で効率的・合理的な企業経営を実現するという実務課題の達成のためには，会社法の基本構造を踏まえて，その重要論点を正確に理解することが必須でありましょう。

　本書は，先に上梓した拙著『企業法務入門20講』の姉妹編であり，会社法の重要論点につき，できる限り平易で分かりやすく解説した入門書です。主に初任の企業の法務部員や総務部門の法務担当者，若手弁護士，司法書士，司法修習生等を対象として執筆しましたが，法学部生や法科大学院生のためのサブ・テキストとしても使えるように工夫を施しています。たとえば，司法試験や予備試験に出題されるような論点については，本書の中で概ね網羅できているものと思います。

　本書の総論部分に該当する**第1・2講**では，「会社とは何か」および「株式会社の基本構造」を主題として，会社法の全体像を示してみました。**第3講**から**第20講**までが各論部分です。そこでは会社法の解釈問題を解説しながら，企業実務の視点からみた説明も付加することによって，「理論と実務の架橋」を試みたつもりです。

　また，各講の冒頭に実務的な事例（【Case】）を掲げ，その考え方の要旨（**【本講のポイント】**）を示した後，具体的な解説を論述しました（**【解説】**）。さらに，末尾には今後検討すべき事項（**【発展課題】**）を付記しています。これらも前著『企業法務入門20講』と同様の構成です。

　なお，本書の執筆に際しては，筆者が長年にわたり慶應義塾大学大学院で担当している法務研究科（法科大学院）の授業内容に加えて，企業向けの各種研修・セミナーにおける講演や質疑応答なども参考としたため，講義録のような口語体で記述しています。

本書が広く会社法務に携わる方々に少しでも役立つものになるのであれば，著者として望外の喜びです。

　本書の企画・構成段階から出版に至るまで，勁草書房の山田政弘氏には，終始多大なるお世話になりました。心からお礼を申し上げます。

2021 年 7 月

菅 原　貴与志

第**3**講　設立 ……………………………………………………25

本講のポイント　25

解　説　26

第6講　機関総説・株主総会 I

第7講　株主総会Ⅱ ……………………………68

第10講　取締役の会社に対する責任

本講のポイント

解　説

第18講　組織再編 I　　　　197

凡　例

法	会社法
規	会社法施行規則
計規	会社法計算規則
金商法	金融商品取引法
民集	最高裁判所民事判例集
高民集	高等裁判所民事判例集
下民集	下級裁判所民事裁判例集
判時	判例時報
判タ	判例タイムズ
金法	旬刊金融法務事情
金判	金融・商事判例
資料版商事	資料版／商事法務
商事	旬刊商事法務
百選	岩原紳作＝神作裕之＝藤田友敬編『会社法判例百選〔第3版〕』(有斐閣, 2016)

第1講　会社法総論

【Case】
　債権者Xが，債務者甲会社に対して売掛金の支払いを請求したところ，甲社は，自社に資産がないという理由で弁済に応じない。甲社の代表取締役Yは，出身大学に甲社を代表して多額の寄附をしており，これが会社資産を大きく損なう原因となっていた。
　Xとしては，甲社と本店所在地が同一で，Yを含めて取締役・従業員の相当数も甲社と重複している親会社乙会社から未収金を回収したいと考えている。

本講のポイント

▶会社とは，営利を目的とする社団法人であり，①営利性，②法人性，③社団性の三つが要素となる。

▶会社の権利能力は，定款記載の目的によって制限されるが，その範囲には，定款所定の目的達成のために必要または有益な行為も含まれる。

▶法律の適用を回避するために法人格が濫用されている場合，または，法人格がまったくの形骸にすぎない場合には，会社の法人格そのものを否定しなければならない（法人格否認の法理）。

解　説

1　会社とは何か

(1)　企業と会社

　会社とは，企業形態のひとつですが，厳密にいえば，会社＝企業ではありません。企業とは，営利を目的として活動する組織のことをいいます。たとえば，ある商品を安く仕入れて高く売るなど，継続的・計画的な経済活動を行い，利潤を追求する組織が企業です。

　利潤の追求のための企業活動は，いつでも誰でも起こすことができます。た

1

とえば，駅前の魚屋さんや八百屋さんには，店主が一人で経営しているところも少なくありません。このように個人が継続的・計画的な経済活動を行うことも可能であり，これが個人企業というものです。要するに，企業は必ずしも会社であるとは限らないのです。

　個人企業の場合，その主体である営業主は，仕入れた商品など，事業のための財産を自ら所有しています。また，経営に関する事項は営業主が一人で決定し，獲得した利益もすべて営業主が自らの手中に収めます。その反面，事業に失敗し，損失が発生すれば，これも営業主が一人で負担しなければなりません。また，事業を拡大しようと思えば，一人ですから，資金的にも労力的にも限界があるでしょう。

　たとえば，一人の個人が100万円を出資して起業するよりも，100人が集まり，各々100万円を拠出したほうが，合計1億円の資本を結集できるわけですから，その分だけ大規模な事業を展開することが可能となります。また，「有限責任」の原則が適用される場合には，個人の負担や危険も100万円に限定できます。

　ここでいう「有限責任」とは，出資した企業が借金まみれで倒産したとしても，出資者は出資した金額だけをあきらめれば，それ以上の追加負担を求められる責任はないものです。出資金額までの責任しか負わないことから，これを有限責任と呼んでいます（**第2講3**）。

　一人で起業し，事業を行うことには限界があります。そこで，次には，事業の拡大や負担の分散のために，複数が共同で企業経営に当たることを検討するようになるでしょう。こうして，共同企業形態では，利益追求という目的のもとに出資者が集います。たとえば，AがBを出資者として誘い，共同事業を営むことを合意すれば，A・B間に「組合」契約が成立し（民法667条1項），A・Bともにその組合の構成員，すなわち「組合員」となります。ここでは，各組合員がお互いに契約によって結びつき，一種の団体を形成します。しかし，組合という共同経営形態では，単なる組合員相互の契約関係があるにすぎませんから，結局のところ，組合の活動＝組合員自身の活動ということになります。

(2)　組合と社団

　共同企業形態では，組合のように，出資者が相互に直接の契約関係によって結合する場合もあれば，まず出資者の団体を形成し，この団体と構成員とが結びつく方法もあります。後者の方法では，構成員相互間に直接の契約関係は存在していません。そこにあるのは，団体と構成員との関係だけなのです。このように，一定の目的のもとに人が結合し，団体としての組織を備えたものを，法律上「社団」といいます。

　繰返しになりますが，組合が組合員との契約関係によって結合するものであるのに対して，社団は，構成員が社団自身との社員関係によって結合する団体なのです。なお，この場合の「社員」とは，一般用語の従業員という意味ではなく，社団の構成員のことを指しています。ちなみに，株式会社の場合には，株主がこの社員に該当します。

　社団では，団体の財産は社団自身の所有に属しており，構成員である社員は単に観念的な持分を有するにすぎません。団体財産は，構成員の直接的な支配を離れて，社団自身の財産として独立することとなり，社員が勝手に処分することもできなくなります。個人企業の営業主や組合の構成員（組合員）は，事業のための財産を自ら所有するわけですが，この点で社団は決定的に異なっているのです。

　社団とは，一定の目的のもとに人が結合した組織体です。共同企業形態において，利益追求ないし営利という一定目的のもとに出資者が結合すれば，その組織体もまた社団となります。そして，社団の場合には，組合と異なり，その財産が社団自身の財産として独立しているなど，社員から独立した主体性が認められます。会社とは，そうした出資者の組織体なのです。

(3)　会社の法人性

　会社は「法人」です。会社法にも，会社は法人であることが明文で規定されています（法3条）。法人とは，たとえ生身の人間でなくとも，権利義務の主体となれる組織のことです。

　生身の人間，すなわち生物学上の人のことを，法律では「自然人」といいま

すが，自然人は，生まれながらにして，権利を取得し，義務を負担する資格をもっています（民法3条1項参照）。この権利を取得し，義務を負担する資格のことを「権利能力」と呼びます。

　ところで，自然人以外であっても，法が権利能力を付与する場合があります。自然人以外の場合には，法の力によって権利・義務の主体性（法人格）が与えられるので，これを「法人」といいます。会社には社団性があり，出資者である社員から独立した主体性を有します。したがって，社団の性質を有する会社には，法人格を付与する基礎も認められることとなるのです。

　会社は法人ですから，あたかも自然人と同様に，会社自体が権利を取得し，義務を負担することができます。たとえば，会社は，自らの名義で，原材料を仕入れ，顧客・消費者に商品を売却します（売買契約）。また，銀行から運転資金を借り入れ（金銭消費貸借契約），事務所や工場用の土地・建物を賃借し（賃貸借契約），そして，従業員を雇うのです（雇用契約）。これらの契約により，会社は権利を取得し，義務を負担します。より具体的には，仕入れならば，原材料の引渡しを請求する権利を取得する一方，その代金を支払う義務を負担するのです。

(4)　会社の特殊性

　このように，会社が構成員（社員）とは別個独立の主体となることによって，権利義務の帰属点となり，さまざまな法律関係を円滑・簡便に処理できるようになるわけです。これが，会社に法人格が付与されているということの意味です。この点で，法人としての会社は，同じ共同企業形態の組合とは異なっています。

　ところで，会社制度のもとでは，出資者である構成員が，会社の財産を所有しているわけではありません。会社の財産を支配し，これを所有しているのは，法人としての会社そのものです。これに対して，株主は，会社の実質的所有者の立場にはありますが，会社財産を直接的に所有しているわけではなく，単に観念的・抽象的な持分を有するにすぎません。

　会社では，利益の追求という一定の目的のもとに出資者が集い，ひとつの組

〔図〕

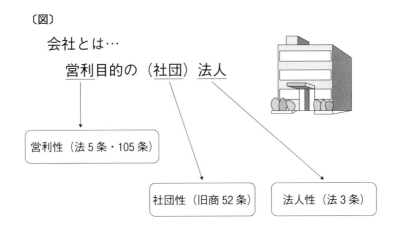

会社とは…
　　営利目的の（社団）法人

営利性（法 5 条・105 条）

社団性（旧商 52 条）

法人性（法 3 条）

織体として結合しています。すなわち，会社とは，営利目的の社団です。会社の営利性とは，通説的見解によれば，対外的な企業活動を行い，それによって得た利益を構成員に分配することを意味します（後記 (5)）。その中核は，利益の追求であり，簡単にいえば「金儲け」です。

　以上のことから，会社を法律学的に定義すれば，「会社とは，営利を目的とする社団法人である」ということになるでしょう（旧商法 52 条[1]・54 条 1 項）。ここでの重要な要素・属性は，①営利性，②法人性，③社団性の三つです（図）。

(5)　営利性について

　さて，社団とは，複数人が特定の共同目的を達成するために結合した団体を意味すると説明しました（前記 (2)）。社団では，共同目的を達成するために，徒党を組んでいる人々が同じ方向に顔を向けているわけです。この共同目的が金儲けに向いているものを，会社といいます。すなわち，営利目的の社団法人，

---

1) 旧商法では，会社が「社団」であることが明定されていた（旧商法 52 条）。しかし，会社法以降，社団という文言が条文上は消えている（そこで，図では，社団の部分を括弧書きにしてある）。このように，会社法では，社団性が後退した規定形式になっているが，会社の実体ないし属性が変化したものではなく，また，持分会社における「社員」の文理からも（法 575 条等），社団性が否定されたわけではないと解すべきである。

これのみを会社というわけです。

　会社の営利性とは，通説的見解によれば，①対外的な企業活動を行い，②それによって得た利益を構成員に分配することを意味します[2]。これに対して，営利性とは，①の意味に尽きるのであり，②までを含ませるのは営利性と私益性を混同するものと指摘する有力な反対説があります。ちなみに，商人の営利性については（商法4条1項），①のみで足りるというのが，一般的な理解です。

(6)　会社法の主要論点の所在

　会社法という法律における議論の大半は，社団性，法人性，営利性，そのいずれかをめぐっての論争ということになります。ただし，社団性や法人性に関する論点というものは，それほど多くありません。たとえば，社団性に関しては，一人会社（株主が1人しかいない株式会社）の論点が，また，法人性をめぐっては，法人格否認などという議論がありますが（後記③），会社法の教科書に書かれてある重要な議論のほとんどは，営利性に集中をしているのです。

　会社が営利を目的とするということは，要するに，会社とは「金儲けのためのシステム」であるということを意味しています。そのなかでも，株式会社が最も進歩した「金儲けのためのシステム」だと理解しておけば足りるのではないかと思います。

(7)　親子会社について

　子会社とは，会社がその総株主の議決権の過半数を有する株式会社その他の当該会社がその経営を支配している法人として法務省令で定めるもの（法2条3号），親会社とは，株式会社を子会社とする会社その他の当該株式会社の経営を支配している法人として法務省令で定めるもの（同条4号）とそれぞれ定義しています。

　また，「子会社等」，「親会社等」という定義も規定されています（法2条3号の2・4号の2）。この「等」の概念には，会社以外の一般社団法人や個人などが含まれます。

2）営利性に関し，法105条には株式会社の自益権に関する規定がある。

　親子会社では，議決権の割合（過半数）だけではなく，「経営の支配」とい
う観点を導入している点に注意が必要です。形式的に 50％超の議決権を有し
ている場合以外にも，実質的に財務および事業の方針の決定を支配しているさ
まざまな場合に，支配している側の会社が親会社，支配されている側の会社が
子会社となります。

　会社法上の論点としては，多重代表訴訟（法 847 条の 3。**第 12 講②(7)**），子
会社による親会社株式取得の禁止（法 135 条，規 3 条 4 項），親会社監査役等の
子会社調査権（法 381 条 3 項・4 項・389 条 5 項等），親会社関係者の子会社社外
取締役・社外監査役からの親会社関係者除外（同 2 条 15 号ハ〜ホ・16 号ハ〜ホ）
などを確認しておきましょう。

②　会社の権利能力

　会社の権利能力が制限される場合としては，①性質による制限，②法令によ
る制限（たとえば，法 476 条・645 条・821 条），③目的による制限があります。
このうち特に重要なのが，③目的による制限，すなわち，会社の権利能力は，
定款記載の目的（法 27 条）によって制限されるかという論点です。

　判例は，目的による制限を肯定します（八幡製鉄政治献金事件）[3]。そして，
会社の権利能力の範囲には，①定款所定の目的達成のために必要または有益な
行為も含まれ，②その判断は行為の外形からみて客観的に判断するべきである
としています。制限説の根拠としては，民法 34 条が「法人は…定款…で定め
られた目的の範囲内において，権利を有し，義務を負う」と規定していること
が挙げられるでしょう[4]。なお，制限説によれば，定款所定目的外の行為は，
取引相手方の善意・悪意を問わず無効です[5]・[6]。

　3）最大判昭 45 年 6 月 24 日民集 24 巻 6 号 625 頁〔百選 2〕。

　4）これに対して，非制限説は，定款所定の目的は取締役の代表権に対する内部的制限にとどまる，
　　あるいは，悪意者に対して主張できるのみであると解釈する。

　5）大判明 36 年 1 月 29 日民録 9 号 102 頁参照。

　6）定款所定の目的を逸脱した事例では，会社に損害が発生していれば，取締役の善管注意義務違
　　反の責任が問題となる（法 330 条・423 条，民法 644 条）。

この点，前記の八幡製鉄政治献金事件では，本件政治献金も，定款所定目的達成のために必要・有益な行為としています。そして，会社の規模・経営実績などからいって応分な金額である限り，取締役の義務違反は生じないと判断しました[7]。

ちなみに，実務においては，定款で目的事情を列挙したうえで，「上記各号の業務に付帯する一切の事業」などと記載することにより，定款所定の目的を逸脱する問題を回避するのが一般的です。

③ 法人格否認の法理

(1) 法人格否認の趣旨

法人性に関連しては，法人格否認の法理が問題となります。法人格否認の法理とは，会社の形式的独立性を貫くことが正義公平に反する場合，特定の法律関係の解決・処理のために，例外的に会社の法人格を否認することです。それは，会社とその背後にある者とを法律上同一視して妥当な結果を導こうとするものであり，判例もこの法理を認めています[8]。その法的根拠は，民法1条3項の類推や法3条の解釈からも導くことができるでしょう。

そもそも会社に法人格が与えられるのは（法3条），社会経済のうえで有用であるからです。だとすれば，法律の適用を回避するために法人格が濫用されている場合（法人格濫用の事例），または，法人格がまったくの形骸にすぎない場合（法人格形骸化の事例）には，法人格そのものを否定しなければなりません。

(2) 法人格の濫用

法人格の濫用と認められるためには，背後者が会社を道具として意のままに支配し（支配の要件），法人格を違法不当な目的のために悪用すること（目的の

---

7) 政治献金をめぐる裁判例としては，最判平8年3月19日民集50巻3号615頁（税理士会事件），大阪地判平13年7月18日金判1145号36頁（日本生命事件，相互会社も株式会社と同様に判断），福井地判平15年2月12日判時1814号151頁（熊谷組事件，欠損会社の事例）等がある。
8) 最判昭44年2月27日民集23巻2号511頁〔百選3〕。

要件）が必要です。偽装解散や第 2 会社の設立がその例に該当します 9)。

(3)　法人格の形骸化

　また，法人格形骸化事例においては，会社と行為者が実質的に一体で，まったくの個人企業と認められることが要件となります 10)。たとえば，会社財産と個人財産の全体的継続的な混同，業務活動の混同の反復と継続，株主総会や取締役会の不開催などの場合に，法人格が形骸化しているといえるでしょう。

　形骸化事例では，濫用事例と異なり，主観的な目的要件は不要です。判例が濫用事例だけでなく，形骸化事例を認めるのも，実務上，主観的濫用の意図（目的要件）を認定するのが難しいという事情があるからです。

(4)　法人格否認の留意点

　会社法では，最低資本金の規定を置いておらず（法 27 条 1 項 4 号参照），資本金が 0 円でも株式会社を設立することができますから（計規 74 条参照），実務上は，執行妨害の事例など，法人格否認の法理が適用される場面があり得ることに留意すべきです。

　一般条項をみだりに用いると法的安定性を害するため，法人格否認の法理は，ほかに適当な解決方法がないときに補充的に用いるべきです 11)。したがって，まずは（たとえば，表見法理や詐害行為取消権等の）既存の制度が使えないかを検討しなければなりません。また，法人格否認が適用された場合にも，当該問題に関してのみ法人格が否定される点に注意しましょう。

　冒頭の Case においても，要件事実の明確な濫用事例（特に目的要件）を検討し，それが認定できなければ，形骸化事例について，かかる評価根拠事実を積み上げて検討するということになりますが，その際には，債権者 X の要保護性が重要な視点です 12)。

---

9)　濫用型の具体例として，最判昭 48 年 10 月 26 日民集 27 巻 9 号 1240 頁。

10)　形骸化事例で法人格否認を採用した判例として，最判昭 47 年 3 月 9 日判時 663 号 88 頁。

11)　最判昭 49 年 9 月 26 日民集 28 巻 6 号 1306 頁〔百選 56〕。

12)　債権者の要保護性を認定するに際しては，①債権者による外観の信頼，②会社・子会社から株主・親会社への利益移転（会社搾取）などが問題となる。

発展課題

☑ A が債権者の追及を免れるために Y 会社を設立した。債権者 X としては，どうすればよいか，説明してみよう。

⇒ 出資行為に対する民法 424 条，商号続用に関する法 22 条（**第 20 講**），法人格否認の法理などの検討。

株式会社の基本構造

【Case】
　株式会社の基本構造について，株主有限責任の原則，所有と経営の分離，株式譲渡自由の原則などの原理・原則論から論じなさい。

本講のポイント

▶株主有限責任の原則は，会社の資金調達の便宜にとって，きわめて重要な意味をもつ。

▶株式会社では，営利の実効性を確保するために，原則的に会社の所有と経営を分離せしめた。

▶株式会社制度では，会社財産のみが債権者の唯一の担保となるため，債権者保護も重要な課題である。

▶会社法は，株式譲渡の自由を保障して，株主の投下資本の回収を可能にした。

▶会社法では，企業取引における株主・会社経営者・債権者という三人の登場人物について，各々の利害をいかに適切に調整するかが最も重要な課題となる。

解　説

1 企業取引の舞台

　株式会社の基本構造を検討する前提として，企業取引の場面を考えてみたいと思います（**図1**）。

　その舞台にまず登場するのは，取引の主体である当該会社です。そして，取引には必ず相手方，すなわち取引先が存在します。たとえば，会社が工業製品の製造業者で，取引先から原材料を仕入れたとすれば，会社はこの取引先に代金を支払わなければなりません。この場合，会社は代金債務を負担し，取引先は代金債権を有します。したがって，取引先は，会社にとって債権者の地位に立つことになります。

〔図1〕 企業取引の舞台

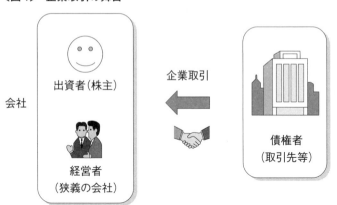

　また，会社に関わる人のなかには，会社に出資するだけの者もいれば，実際に会社経営に携わる者（狭義の会社）もいます。出資者は，会社に出資することにより，会社を実質的に所有することになります。株式会社では，株主がこれに該当します。ただし，株主は，会社財産を直接的に所有するのではなく，単に観念的・抽象的な持分を有するにすぎません（第1講①(4)）。また，会社経営者は，現実に会社の業務を遂行する立場にいます。

　このように，企業取引の舞台をごく大雑把に眺めてみれば，株主・会社経営者・債権者という三人の役者が登場していることに気づきます。したがって，会社法の分野では，これら三人の登場人物について，各々の利害をいかに適切に調整するかが最も重要な課題となるのです。

②　資金調達の便宜と株式

　会社は営利を目的としますから，資金を調達し，この資金を元手に対外的経済活動を行い，それによって獲得した利益を資金提供してくれた出資者に還元・分配しなければなりません（第1講①(5)）。株式会社の場合でいえば，会社が広く一般大衆から資金を集め，この資金を元手に営業活動を行い，それによって得た利益を資金提供してくれた投資家に還元します。この一連の金の流

〔図 2〕　株式会社のキャッシュ・フロー

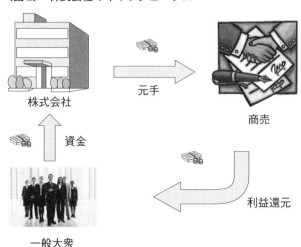

れ（cash flow：キャッシュ・フロー）を表したのが，**図2**です。簡単にいえば，資金をマーケットから調達をし，それを元手に商売をして，儲かったらそれをお返しする。このキャッシュ・フローを，ぐるぐる回しているのが会社の活動です。

　では，このキャッシュ・フローを法律的に説明してみましょう。会社は「金儲けのためのシステム」であること思い出してください。金儲けをするためには，必ず元手が必要です。商売を始める時に必要なものはいくらもありますが，もし一つだけといわれたら，おそらく元手ということになるのだと思います。元手のない商売というのは考えられません。しかも，元手が多ければ多いほど，事業・興行のチャンスは増えるし，それだけ儲けも大きくなりますから，利益獲得の可能性は高くなります。また，融資ではいずれ返済の必要がありますから，なるべく金融機関に頼ることなく，自分で元手を調達できるほうがいいでしょう。

　会社法の教科書では，この元手を集めることを「資金調達」といいます[1]。そして，株式会社の場合には，この資金調達の手段として，株式という制度が

用意されているのです。

　株式会社における社員（構成員）の地位は，細分化された割合的な単位となっています。この割合的単位を「株式」といいます。株式会社の社員は，株式を有する者ですから，「株主」と呼ばれます。株主は，出資分に応じて，会社を実質的に所有する関係にあります。要するに，株主は，株式会社のオーナー（owner）なのです。また，株主は，出資額の多寡に応じて，経営参加や利益還元（剰余金分配）を享受します。具体的には，①剰余金の配当を受ける権利，②残余財産の分配を受ける権利，③株主総会における議決権などの権利が認められています（法105条1項）[2]。

③　株主有限責任の原則

　ここで注目すべきなのは，株主は，会社に対して，出資した価額の限度でしか責任を負わないという点です。たとえ会社が左前になったとしても，出資した分だけをあきらめれば，会社の債権者からその余の責任を追及されることはありません。いくら会社債権者が取立てに来ても，株主が自己所有の不動産や家財道具を担保に入れたり，売り払ったりしなくてもよいのです。

　このことを，株主有限責任の原則といいます。法104条の「株主の責任は，その有する株式の引受価額を限度とする」という条文が，会社法上きわめて重要な意味をもっていることを覚えておきましょう[3]。

　このように出資に伴う危険（risk）の少ない株式会社は，利益（return）を求

---

1) 取引行為による外部資金の調達には，手形等による企業間信用，銀行等からの借入れが含まれる（間接金融）。また，株式会社が市場から直接に資金を調達する方法としては，株式発行と社債の二つがある（直接金融）。**第15講①(2)**。

2) 株主は，株主としての資格に基づく法律関係において，その有する内容および持株数に応じて平等の取扱いを受ける（法109条1項）。これが，株主平等の原則である。**第4講③**。

3) 権利と義務は普通相対だが，株主はこの点が特殊であり，権利はあるが，義務を負わない。確かに出資することは義務だが，出資してはじめて株主の地位を得るわけであるから（法209条），そもそも出資前は株主ではない。このように株主とは，義務を負担しない，権利だけを有するという，そうした希有な存在である。

める一般大衆にとって，出資・投資のしやすい対象となります。一方，起業家にとっても，広く一般大衆を対象に多くの資金を調達することができますから，株式会社制度を利用するメリットは大きいでしょう。したがって，株主有限責任の原則は，会社の資金調達の便宜にとって，きわめて重要な意味をもつ原則ということになるのです。

４　所有と経営の分離

　株主は，株主総会を組織し，総会を通じて会社経営の執行部を選任します。その意義をもう少し詳しく考えてみましょう。

　何度も説明しているとおり，株式会社は，営利を目的としています。したがって，会社法は，会社が営利を目的とする以上，「金儲けにとって最も合理的・効率的な組織運営はいかにあるべきか」を前提に条文の仕組みをつくっているのです。

　この点，歴史が証明する一つの事実があります。それは「金のある奴が，必ずしも金儲けが上手いとは限らない」ということです。資金をもっている人間が必ずしも商売が上手いとは限らないし，逆に，資金のない人間だからといって会社経営の能力が劣っているとも限りません。ここでいう資金をもっている人間とは，会社に出資する資力のある者のことですが，これが株式会社に出資すれば，株主となるわけです。株主は，実質的には会社の所有者の地位に立ちます。出資することによって，会社を割合的に共有するからです。

　所有者である株主が，必ずしも商売が上手く会社経営の能力があるとは限りません。むしろ商売の才覚の長けた者に会社の経営を委ねたほうが，効率的な企業経営実現のためには合理的です。特に株式会社では，株主が多数にのぼる可能性がありますから，自分で会社の経営に直接当たることができません。そこで，株主としては株主総会を組織し（法295条），その総会を通じて取締役を選び（同329条），経営の専門家である彼らに会社の経営を任せました。株式会社では，このように会社として上手に金儲けをするために，原則的に会社の所有と経営を分離せしめたのです（図3）。

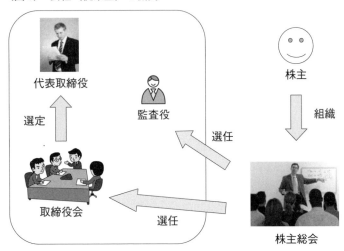

〔図3〕 会社（従来型）の機関

代表取締役
監査役
株主
選定
選任
組織
取締役会
選任
株主総会

　法331条2項には「株式会社は，取締役が株主でなければならない旨を定款で定めることができない」と規定しています。株主のなかに経営者の資質ある人物がいれば，取締役に選んでも構いませんが，「株主でなければ，経営者になれない」というルールは御法度なのです。これが所有と経営の分離の表現規定の一つです。

　しかし，現実の経済社会では，中小規模の同族的な会社など，株主構成が固定化し，相互の人的関係が密接な株式会社が多数存在しています。このような閉鎖的な株式会社においては，定款で株式に譲渡制限が付され，実質的に一人のオーナー経営者によって会社運営がなされており，所有と経営の分離が希薄になっています（法331条2項ただし書）4)。

5　会社側の保護すべき利益

　株式会社それ自体が営利を目的とする以上，企業運営を委ねられた会社経営

---

　4) ちなみに，持株会社（合名会社・合資会社・合同会社）では，会社の経営権限が社員に帰属しており（法590条），所有と経営が制度的に一致している。

者の関心事といえば，いかに事業の機会を的確につかみ，上手く商売をして金儲けをするかという点に集中します。

　要するに，いかに簡便に金儲けのための元手を集め（資金調達の便宜），上手く商売を行うかが（効率的な企業経営の実現），会社経営者にとっては最も重要なのです。資金調達や企業経営の効率性・機動性に反する事柄は，すなわち会社の不利益となります。

　特に，より上手く金儲けをするために企業運営をしなければならない会社の執行部にとっては，企業経営の機動性や資金調達の便宜に対する足かせが大きな負担となります。つまり，会社側，とりわけその執行部にとって保護すべき利益は，会社経営の機動性と合理性の確保，それに資金調達の便宜という点に要約されるのです。

　ところで，株式会社は，現代の資本主義経済社会における重要な取引主体です。したがって，こうした会社経営上の利益を保護することが，間接的には資本主義経済の活性化や発展に資することにもなります。こうしたマクロ的な視点も忘れてはなりません。

6　債権者の保護

(1)　債権者保護の必要性

　株式会社は，現代経済社会の最も重要な取引主体であって，日々刻々きわめて大量の取引を行っています。多数の債権を取得する一方で，膨大な債務もまた負担するのです。そこには必ず会社に対する債権者等の第三者が存在しています。

　しかし，株式会社においては，商売の元手を集めやすくするために，株式という資金調達手段を導入し，株主有限責任の原則を採用しました（前記3）。このため，債権者は，会社所有者である株主から直接債権の回収を図ることができません。

　さらに，合理的な企業経営を実現するために，所有と経営を原則的に分離しています（前記4）。会社経営者はその能力をかわれて企業経営を委ねられた者

17

にすぎず（法330条），会社そのものとはまったくの別人格です。したがって，経営者は原則として，第三者に直接の個人責任を負うことはありません。

　この株主有限責任の原則と所有と経営の分離の結果，会社と取引関係に入った第三者にとって，自らの債権の担保・引当ては会社財産だけとなります。この第三者には，取引先ばかりでなく，会社の不法行為による損害賠償請求権を取得した債権者も含まれます。株式会社制度を前提とすれば，会社財産のみが債権者の唯一の担保ですから，その分，債権者の保護ということがきわめて重要な課題となるのです。

　前記⑤のとおり，株式会社は現代資本主義経済社会における重要なプレイヤーですから，そこに取引先が付かなければ，市場経済を発展・維持することができなくなります。何とか制度的に債権者の立場を底上げしてあげる必要がでてきます。そこで，株式会社を中心とした会社法では，株主の保護や経営の意向と同じくらいに会社債権者の保護を強調するわけです。

(2)　会社法上の債権者保護制度

　それでは，株主有限責任の原則と所有と経営の分離によって不利益を被るおそれのある第三者を保護するため，会社法はいかなる制度を用意しているのでしょうか。債権者保護の制度はいくつかありますが，なかでも重要なものとして，①資本，②取締役等の第三者に対する責任，③法人格否認の法理があります[5]。

　資本とは，会社財産を確保させるための一定の金額（基準量）であり，一種のノルマのようなものです（法445条1項。**第17講**①(3))[6]。会社財産が債権

---

[5]　債権者保護に関連して，会社法では，財務状況開示の観点から，すべての株式会社に決算公告を義務づけている。会社は貸借対照表またはその要旨を公告しなければならず，大会社の場合には，貸借対照表またはその要旨に加えて，損益計算書またはその要旨も公告しなければならない（法440条1項・2項）。

[6]　会社の設立または株式募集時には，資本（またはその増加額）に相当する会社財産が会社に受け入れられることが求められ（資本充実の原則。法52条・213条），いったん充実された後は資本に相当する会社財産が維持されない限り，財産が会社から流出することを原則的に禁止してる（資本維持の原則。同446条・461条）。

18

者にとっての唯一の担保ですから，債権者を保護するためには，会社財産，すなわち債務弁済能力の確保を図る必要があります。そこで，会社に資本というノルマを課し，会社財産の実質的確保を図ったのです。しかし，現実には主として設立時と配当規制の面でしか機能しておらず，最低資本金制度が廃止されたこととも相俟って，資本の存在意義は希薄化しつつあります。

　取締役等の第三者に対する責任は，取締役等が個人として責任を負う場合があることを認めたものです（法 429 条。**第 11 講**）。また，法人格否認の法理も，会社の背後にいる支配的な株主などの責任を追及するための法的構成です（**第 1 講③**）。これらはいずれも，会社とは別人格の個人，たとえば取締役や支配株主に対して，直接に債権回収の途をひらくものです。

⑦　株主の経営に対する監督権限

　株主は出資者ですから，会社に対し出資額に相当する割合の持分的な権利を有しているはずです。つまり，株主は会社の実質的所有者にほかなりません。しかし，先ほども説明したとおり，株式会社では，合理的効率的な企業経営を実現するために，原則として所有と経営が分離しています（前記④）。

　その結果，株主は，会社の実質的所有者でありながら，会社経営から制度的に疎外されています。とはいえ，株主は，自分が会社の本来的な所有者ですから，オーナーとして会社の経営にある程度は口出しもしたいし，経営に対する監督権限も行使したいでしょう。そこで，株主にも，会社経営に対する監督是正権限の行使を保障すべきだということになります。その具体例が，株主総会の議決権（法 105 条 1 項 3 号・308 条 1 項）であり 7)，責任追及等の訴え（同 847 条）や差止請求権（同 360 条）などの各種の監督是正権なのです（**図 4**）8)。

---

　7) 株主は，株主総会において，その有する株式 1 株につき 1 個の議決権を有している（法 308 条 1 項本文）。これを「1 株 1 議決権の原則」という。**第 7 講③**(1)。

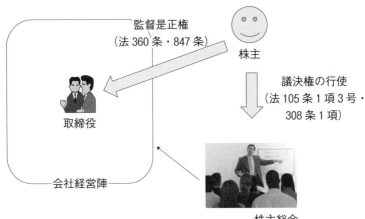

〔図4〕 株主の監督是正権

監督是正権
（法 360 条・847 条）

株主

取締役

議決権の行使
（法 105 条 1 項 3 号・
308 条 1 項）

会社経営陣

株主総会

8 株式の自由譲渡性

　ところで，株式会社では，出資の払戻しを原則として認めていません。有限責任しか負わない株主に出資の払戻しを認めると，会社財産がその分目減りします。もしそうなれば，会社財産を唯一の担保としている債権者としては，債権回収が図れなくなるおそれがあり，大きな不利益を被ってしまいます。そこで，株主の会社に対する出資の払戻しを原則的に禁じたのです（直接的な投下資本の回収禁止）。

　株主は，会社の儲けに応じて利益の還元を受けますが，このような利益還元を待てない場合もあり得ます。しかし，株式会社では出資の払戻しを原則的に認めていません。では，どうすべきでしょうか。

8）株主の監督是正権には，単独株主権（1 株でも有していれば行使できる権利）と少数株主権（総株主の議決権の一定割合あるいは一定数以上の議決権を有する株主のみが行使できる権利）とがある。単独株主権としては，責任追及等の訴えや差止請求権のほかにも，株主総会決議取消しの訴え（法 831 条 1 項）などがある。また，少数株主権には，株主総会の議題提案権（法 303 条 2 項・305 条 2 項），検査役選任申立権（同 306 条 1 項・2 項），取締役・執行役等の解任の訴え（同 854 条）などがある。ただし，取締役会を設置しない会社では，株主総会に関する規制が緩和されている関係で，総会の議題提案権が単独株主権となっている（法 303 条 1 項・305 条 1 項）。

〔図 5〕　株主の資本投下と回収

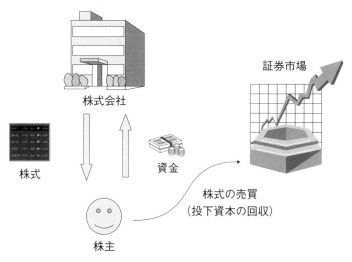

証券市場

株式会社

株式

資金

株式の売買
（投下資本の回収）

株主

　そのような株主の利益を守るためには，いったん投下した資本を回収できる制度が別に必要になります。そこで，会社法は，株式譲渡の自由を保障しました（法 127 条）。より具体的には，株式を自由に売買できる場を設けて，株主の投下資本の回収を可能にしたのです。いわゆる証券市場（stock market）がこれです。このように，株式譲渡自由の原則は，株主の利益保護にとってきわめて重要な意味をもつこととなります（**図 5**）。

　会社法においても，この株式の流動性の高低によって，「公開会社」と「公開会社でない株式会社」とに区分し，その規制内容を別にしていています（法 2 条 5 号・109 条 2 項等）。

　また，上場会社では，証券市場における株式の売買を通じて，株主が常時変動しています。このため，会社情報を開示（disclosure）し，証券市場を健全かつ活発な状態に保つことが，会社のみならず，株主や投資家にとっても重要となるわけです。何よりも出資者である投資家が安心して投資できるような基盤がなくてはなりません。金融商品取引法（金商法）は，こうした投資家の保護を担っています（ちなみに，金商法では，投資家のことを「投資者」と呼びます）。

したがって，金商法は，上場会社にとって，会社法とともに重要かつ基本的な法律となるわけです。

⑨　適正な経営のための監督

　会社の執行部は，合理的な企業経営の実現を志向します。簡単にいえば，経営者は日ごろから「商売のやりやすさ」を追求しているのです。しかし，それが行き過ぎとなってしまう場合もあります。また，もともと経営者というものは，他から経営に口出しされるのを好みません。その意味で，経営陣が誤った判断をする危険性は常にあるのです。

　特に会社の業務執行機関である代表取締役（法349条）は，その権限の広範さ・強大さから，事実上の最高権力者として会社経営に君臨しています。それだけに不適法な，あるいは著しく妥当性を欠くような権限行使がなされる危険も大きいといえます。

　これを防止し，適正な経営を実現する手段として，会社法はさまざまなシステムを用意しています。取締役会（法362条）と監査役（同381条）は，株式会社組織の内部から業務執行を監督します。これに対して，株主や会計監査人（法396条）は，会社組織の外部から監督を担うものです。こうして会社の内部と外部から，適正な経営実現のためのコントロールが施されているのです。

⑩　株式会社の基本構造と会社法

　以上の株式会社の基本構造について，マクロ的にまとめたのが**図6**，ミクロ的チャートが**図7**です。

　企業取引の舞台において，会社経営者（狭義の会社）の保護すべき利益は，①企業経営の合理性・機動性の確保と，②資金調達の便宜の2点であり，株主の利益は，①オーナーとして会社経営を監督できる地位の保持と，②株式の自由譲渡性の保障です。また，債権者にとっては，実効性ある債権回収の方策をいかに確保するかが重要になります。

〔図6〕　株式会社の基本構造マクロ・チャート

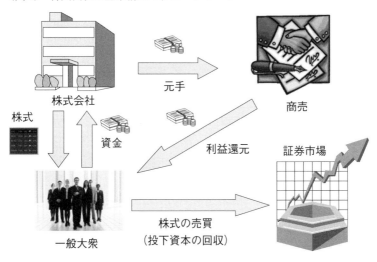

〔図7〕　株式会社の基本構造ミクロ・チャート

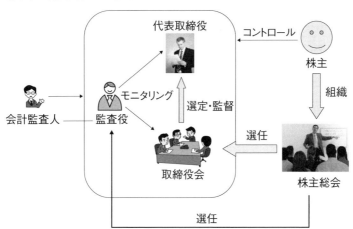

〔図 8〕 会社・株主・債権者の利益関係

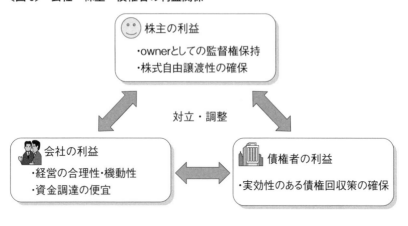

そして，会社法では，一方当事者の利益が他方の利益に反するような場合，各々の利害をいかに適切に調整するかが最も重要な課題なのです（図8）。

発展課題

☑ 会社の最高意思決定機関であるはずの株主総会の決議事項が，取締役会設置会社においては，法令・定款で定めた事項に限られる理由を説明してみよう。
　⇒ 法 295 条 2 項・362 条の関係，所有と経営の分離などを検討。
☑ 株式会社における資本，株式および会社財産の三者の関係につき論じてみよう。
　⇒ 三者の定義，資本と株式，資本と会社財産，株式と会社財産の各々の関係を整理。

設立

【Case】

 Aは，建設業を目的とする株式会社の発起人として，会社の設立中に次の各行為をなした。

(1) Aは，会社の成立を条件として，製材業者Bから材木を購入する契約をしたが，これは定款に記載していなかった。

(2) Aは，Cに対し会社の宣伝広告をすることを依頼し，これを承諾したCは，会社成立と営業開始の広告を行った。

本講のポイント

▶設立に関する法定の要件をみたせば，事前の許認可や免許等を問題としないで，法人格を付与する準則主義が採用されている。

▶設立手続を俯瞰すれば，定款作成，公証人による定款認証，株式引受け・出資の履行，取締役等の機関の選任という流れになる。

▶発起人とは，定款に署名または電子署名した者という形式的基準による。

▶現物出資や財産引受けは，定款の記載事項とされ（変態設立事項），原則的に検査役の調査が要求されている。

▶発起人の権限の範囲については，開業準備行為を含むか否かで見解が分かれる。

▶法定の要件を充足した財産引受けは，発起人の権限に含まれ，定款に記載しない財産引受けは，その効力を生じない。

▶仮装払込みとは，実質的には会社の資金とする意図なく，単に払込みの外形を装ったにすぎない場合であり，出資の履行を仮装した発起人は，会社に対し，金銭の全額を支払う責任を負う。

解　説

① 設立手続

(1)　手続の概要

　設立とは，株式会社という1個の法人を設立させる手続であり，定款の作成，株主の確定，出資の履行，機関の選任が，その要件です。我が国では，設立に関する法定の要件をみたせば，事前の許認可や免許等を問題としないで法人格を付与する制度（準則主義）が採用されています。

　設立は，設立に際し発行される株式の総数を発起人が引き受けるか否かで，発起設立（法25条1項1号・26条〜56条）と募集設立（同25条1項2号・57条〜103条）とに分類されますが，実務的には発起設立の場合が圧倒的に多くなっています。

設立手続の概略

```
① 設立手続開始前の行為
        ↓
② 定款作成（法26条）
        ↓
③ 公証人による定款認証（法30
   条）
        ↓
④ 株式引受け・出資の履行（法
   34条・63条）
        ↓
⑤ 機関の選任（法38条・40条・
   41条・88条・90条）
        ↓
⑥ 設立登記（法49条）
```

　この設立手続を俯瞰すれば，定款作成（法26条），公証人による定款認証（同30条），株式引受け・出資の履行（同34条・63条），取締役等の機関の選任（同38条・40条・41条・88条・90条），設立登記（同49条）という流れになります。

(2)　定款の作成

　株式会社を設立するには，発起人が定款を作成なければなりません（法26条1項）。発起人とは，定款に署名（電子署名を含む）した者という形式的基準によります。

　また，定款の記載内容は，絶対的記載事項（法27条），相対的記載事項（同

28 条）, 任意的記載事項（同 29 条）に分類されます。絶対的記載事項, すなわち, 定款作成に際して必ず記載しなければならない事項には, ①目的, ②商号, ③本店の所在地, ④設立に際して出資される財産の価額またはその最低額, ⑤発起人の氏名または名称と住所（法 27 条 1 号～ 5 号）, ⑥発行可能株式総数（同 37 条）があり, その記載を欠けば, 定款全体が無効となります。ただし, 発行可能株式数は, 定款認証時には不要であり, 会社成立時までに発起人全員の同意で定めることができます（法 37 条 1 項）。

　また, 設立時発行株式[1]に関する事項のうち,「設立に際して出資される財産の価額またはその最低額」は定款で定めなければならないのですが（法 27 条 4 号）, その余は原則として発起人の多数決により定款外で決めても構いません（例外として, 同 32 条）。

(3)　発起設立の手続

　発起設立の場合には, 各発起人が株式を引き受け, 1 株につき 1 議決権を有し, その議決権の過半数をもって設立時取締役・設立時監査役等を選任します（法 38 条～ 45 条）[2]。

　発起人は, 株式を引き受けた後に遅滞なく（法 34 条 1 項）[3], 全額の払込み（現物出資の場合はその全部の給付）をしなければなりません。また, 所定の時期に払込みがなかった場合, その引受人は権利を失い（失権）, 払込みがあった分だけで会社の設立が認められることとなります（法 36 条・63 条 3 項）。

(4)　変態設立事項

　現物出資（金銭以外の財産をもってする出資）や財産引受け（後記[2]）は, 目的物の過大評価により, 債権者や他の株主を害するおそれがあることから, 定

---

1)　公開会社の場合には, 設立時発行株式の総数は, 発行可能株式総数の 4 分の 1 以上でなければならない（法 37 条 3 項）。

2)　募集設立の場合には, 創立総会で選任する（法 88 条～ 92 条・39 条）。

3)　募集設立の場合の募集株式の引受人は, 発起人が定めた払込期日または払込期間中に, 全額の払込みをしなければならない。

款の記載事項とされ（変態設立事項。法 28 条 1 号・2 号），原則的に検査役の調査が要求されています（同 33 条 1 項）4)。なお，法 28 条所定の記載は，定款上，「附則」の章に定めるのが通例です。

ただし，会社設立時に，その価額の総額が 500 万円を超えない財産を現物出資・財産引受けの目的とするときは，検査役の調査が要りません（法 33 条 10 項 1 号）。すなわち，会社設立時の現物出資・財産引受けについて，当該財産の価額の総額が 500 万円を超えない場合には，裁判所に検査役の選任を申し立てる必要がないのです（法 28 条 1 号 2 号・33 条 10 項 1 号）。したがって，資本金 500 万円以下の会社においては，現物出資・財産引受けの検査役の調査が不要となります。

また，市場価格のある有価証券（上場されている株式，社債，国債に加えて，店頭登録株式などもこれに含まれます）についても，市場価格を超えない場合には，検査役の調査を要しません（法 33 条 10 項 2 号）。

② 発起人の権限

(1) 設立中の会社

団体としての「設立中の会社」が存在することを認め，発起人をその機関とし，かつ，「設立中の会社」と成立した会社をまったく同一の存在と考える見解があります（同一性説）。

同一性説では，発起人が会社の設立に必要な行為によって取得する権利義務について，形式的には発起人に属するが，実質的にはこの会社の前身たる設立中の会社に属し，会社が成立すればそれらは当然に（法律上何も権利義務移転手続をしなくても）に会社に帰属すると主張しますが5)，これは説明の便宜のための概念にすぎないように思います。私見によれば，「設立中の会社」などと

---

4) 変態設立事項における発起人の権限の範囲について，最判昭 33 年 10 月 24 日民集 12 巻 14 号 3228 頁〔百選 5〕参照。また，判例は，定款に記載のない財産引受けの追認を否定する（最判昭 28 年 12 月 3 日民集 7 巻 12 号 1299 頁）。

5) 神田秀樹『会社法〔第 22 版〕』（弘文堂，2020）60 頁。

いう概念を持ち出すまでもなく，後記（3）のとおり，発起人の権限の範囲を
どう解するかによって問題は解決できますので（会社設立＝法律行為です），必
ずしも同一性説に依拠する必要はないからです。

(2)　設立行為の類型化

　会社成立前に発起人が行った法律行為の効果が誰に帰属するのか，その行為
が発起人の権限に属するのかという問題があります。その検討の対象となるべ
き行為には，①設立を直接の目的とする行為（成立要件的行為），②設立のため
に事実上・経済上必要な設立時限りの行為（設立必要行為）[6]，③開業準備行為，
④成立後の会社で行うべき事業行為（営業行為）を挙げることができます。

　③の開業準備行為とは，会社成立後の営業活動に必要・有益な人的・物的設
備を準備する取引行為のことです。そして，財産引受けは，開業準備行為の一
種であり，売買・交換・請負など，発起人が会社の成立条件として特定の財産
を譲り受ける契約です（Case (1)）。なお，財産の賃貸借契約も含むとする見
解が有力です[7]。

　財産引受け以外の開業準備行為の具体例としては，営業資金の借入れ（消費
貸借），従業員の雇入れ（雇用），広告・宣伝などがあります（Case (2)）。

(3)　発起人の権限の及ぶ範囲

　発起人の権限の範囲については，①成立要件的行為に限る（または，①＋②
を含む）というA説と，③開業準備行為までも（①＋②＋③）含まれるという
B説に大別されます。

　A説は，発起人に広範な権限を与えると，成立後の会社が多大な債務を負う
おそれがあるという見解であり，判例もこの立場です。そこで，開業準備行為
の一種である財産引受けは，特に実際上の必要性が大きいため，厳格な要件の
もとで例外的に認められたにすぎないと考えます。また，定款に記載のない財

6）設立必要行為の範囲ないし具体例には，立場によって若干の広狭があるが，設立事務所の賃貸
　や事務員の雇入れなどが含まれる。

7）東京高判昭 37 年 1 月 27 日下民集 13 巻 1 号 86 頁。

産引受けの追認については，株主・債権者保護の要請から絶対的に無効である
とします[8]。

これに対して，B説は，株式会社は一定の営業をなすことを目的とするので
あって，成立時には営業できる状態が必要であるとする立場です。したがって，
発起人の権限は開業準備行為に本来及ぶが，濫用の危険が大きいため，厳格な
要件でそれを制限したにすぎないと考えます。また，定款に記載のない財産引
受けも，会社にとって有益な場合があり，追認は可能であるとします[9]。

A・Bいずれの説によっても，法定の要件を充足した財産引受けは，発起人
の権限に含まれますし，他方，定款に記載しない財産引受けは「その効力を生
じない」ことに異論はありません（法28条）[10]。この点，冒頭 Case (1) は財
産引受けの事例ですから，発起人の権限は及びますが，定款記載という法的規
制を充足していませんので，成立後の会社に効果は帰属しないとの結論になり
ます。そこで，成立後の会社（より具体的には，取締役会）がこれを追認できる
のかが問題となるわけです。

他方，Case (2) は，財産引受け以外の開業準備行為ですから，A説とB説
で結論が異なることになります。A説では，発起人の権限の範囲外と解するわ
けですし，また，財産引受けと異なり，他の開業準備行為に関しては会社法に
定めがありませんから，絶対的に無効とせざるを得ないという結論になります。
もっとも，相手方としては，会社という「本人」が実在しない場合と同視でき，

---

8) 最判昭61年9月11日判時1215号125頁〔百選6〕は，絶対無効・追認不可という立場を前
提として，信義則に反する特段の事情がある場合には，無効主張を許さないとした。具体的には，
①成立後の会社が，自己の債務を承認し，かつ，譲り受けた製品を販売・消費したこと，②無効
主張の時期が定款に記載がないことについて契約後9年間，株主総会の承認手続を経由していな
いことについて契約後20年を経て初めて主張するに至ったこと，③両社の株主・債権者等の利
害関係人が無効を問題にしてこなかったことなどを，特段の事情と認めたものである。なお，本
件事例では，債務者が一部弁済しているが，無権代理（ないし類似の）行為の場合には，設立後
の会社が取消権を行使できる立場にないため（民法125条「追認することができる時以降に，取
り消すことができる行為」），取消権者の存在を前提とする法定追認の規定は適用されないと解す
べきである（最判昭54年12月14日集民128巻215頁）。

9) ただし，B説に立ちながらも，追認を否定する考え方もあり得る。

10) そもそも定款に記載がない財産引受けについては，検査役調査を受けているはずもない。

民法 117 条の類推適用により，費やした費用を発起人に対し賠償請求すること
ができるでしょう（後記（3））。これに対して，B 説の立場からは，たとえば，
財産引受け以外の開業準備行為についても，定款に記載があった場合には，有
効にするべきであるなどという考え方も出てきます（法 28 条 2 号類推適用説）。

　なお，A 説でも，開業準備行為の相手方の合意により，発起人の契約上の地
位を成立後の会社が個別に譲り受ければ，会社に効果が帰属します[11]。

(4)　民法 117 条の類推

　財産引受けなどの効果が成立後の会社に帰属しない場合，発起人に対して，
何らかの請求をすることができないかが問題となります。

　この点，設立登記前に発起人が会社の代表取締役名義で開業準備行為を行っ
たという事案につき，民法 117 条を類推適用して，発起人の責任を認めた判例
があります[12]。民法 117 条を「類推」適用としたのは，本人の立場にある会
社が行為時には実在していないからです。

③　設立に関する責任

(1)　発起人の塡補責任

　発起設立の場合，発起人・設立時取締役が財産価額の調査について注意を怠
らなかったことを証明した場合には，不足額の塡補責任を負いません（過失責
任。法 52 条 2 項）。ただし，募集設立の場合には，発起人以外の引受人保護の
ため，発起人全員が無過失の塡補責任を連帯して負うこととなっています（法
103 条 1 項）。

(2)　仮装払込み

　仮装払込みとは，実質的には会社の資金とする意図なく，単に払込みの外形
を装ったにすぎないものをいいます[13]。仮装払込みかどうかの判断基準とし

11）東京地判平 7 年 11 月 17 日判タ 926 号 244 頁，東京高判平元年 5 月 23 日金法 1252 号 24 頁。
12）前掲 4）・最判昭 33 年 10 月 24 日。

ては，①会社設立後，借入金を返済するまでの期間の長短，②払戻金が会社資金として運用された事実の有無，③借入金の返済が会社の資金関係に及ぼす影響の有無などを挙げることができますが，そのポイントは，その払込みによって会社の事業資金が確保されたかどうかです。

出資の履行を仮装した発起人は，会社に対し，払込みを仮装した出資に係る金銭の全額を支払う責任を負います（法52条の2第1項1号）。しかし，仮装者自身は支払能力に乏しいのが通常です。そこで，仮装に「関与した」発起人・設立時取締役の責任を定めました（法52条の2第2項。規7条の2）。たとえば，出資の履行を仮装した引受人と共謀し，いったん払い込まれた金銭を引受人に返還した取締役等がこれに該当します。

④ 設立無効

会社の設立に無効原因があった場合には，設立無効の訴えによります（法828条1項1号）。ただし，敗訴原告の損害賠償責任を担保し，また，濫訴を防止するため，被告会社の請求により，裁判所は原告に相当の担保の提供を命じることにしています（法836条1項）。

設立無効については，法律関係の早期安定のため，提訴期間（法828条1項1号），提訴権者（同条2項1号），管轄（同835条1項）に制限が設けられ，判決の効力には，法律関係の画一的処理の観点から，対世効が認められますが（同838条），遡及効は否定されています（同839条）。

具体的な無効原因のうち，実務的に重要なのは，①設立時発行株式を1株も引き受けない発起人がいる（法25条2項違反），②発起人全員の同意による設立時発行株式に関する事項の決定がない（同32条違反），③定款所定の「設立に際して出資される財産の価額または最低額」に相当する出資がない（同27条4号違反）の各場合です。たとえば，仮装払込みの効力を無効と解釈すれば，法27条4号に相当する出資はなく，設立無効原因（前記③）が認められます。

---

13) 最判昭38年12月6日民集17巻12号1633頁〔百選8〕。

ただし，法52条の2所定の責任が履行されれば，無効原因は治癒されると解釈できるでしょう。

⑤　企業実務の視点からみた設立

　株式会社を設立する一番のメリットは，信用度が高くなることです。また，個人事業主の時は経費として認められないものも経費として扱うことができるなど，節税の選択肢が広くなります。他方，設立コスト，社会保険料の支払い，法人住民税の均等割（赤字であっても最低年間7万円程度の納税），源泉徴収や各種保険の各種手続の煩雑さなどのデメリットもあります。実務的には，これらを比較検討して，株式会社を設立すべきか否かを決めることになるでしょう。

　株式会社を設立するための費用としては，定款の認証時に公証人に払う手数料として5万円，貼付印紙代として4万円（電子認証の場合は不要），そして登記のための登録免許税として最低15万円かかりますので，原則として合計24万円が必要です。

　定款の作成に際して，商号（会社名），事業目的，本店所在地，資本金，株主構成，機関設計事業年度などの設立項目を確定します。穴埋めするだけで定款を作成できるような書式もあり，実務的には難しい作業ではありません。1週間程度の期間で会社を設立することができるものと思います。

　株式会社の設立は，登記をすれば完了というわけではありません。登記後には，税務署や労働基準監督署，都道府県などに各種届出を行う必要があります。また，経営計画の策定や資金調達，税金や労務・法務対策，内外部のネットワークの強化などやるべき仕事が山積しています。起業に際しては，特に会社の資金繰りが重要ですから，金融機関との良好な関係の構築も大切です。

発展課題
☑ 株式会社と合同会社の設立メリット・デメリットを実務的に検討してみよう。
　⇒ 定款認証の要否や設立コスト，決算公告の要否等の比較・検討。

株式 I

【Case】
　甲株式会社は，従業員持株制度を採用し，同社株式の取得を希望する従業員に対して年間購入価格の5%相当の奨励金を支給している。甲会社の従業員持株会規程によれば，従業員である会員は，①甲以外への株式譲渡を禁止され，②退職時には1株500円で甲に譲渡する，などが定められている。甲株式の市場価格は現在1,000円を超えており，従業員からは持株会規程への不満の声も聞かれるようになった。

本講のポイント

▶ 種類株式の多様化により，資金調達と支配関係の双方に選択の幅が拡げられており，これらの株式の権利内容を変更するには，原則として定款の変更で足りる。

▶ 株主の利益を守るために，会社法は，いったん投下した資本を回収できる制度として，株式譲渡の自由を保障しているが，会社の閉鎖性維持の観点から，株式譲渡について，会社の承認を要することを定款で定めることができる。

▶ 定款による譲渡制限に違反して譲渡した場合，当事者間では有効だが，会社に対する関係では効力が生じない。また，有効な譲渡制限契約に違反して譲渡がなされた場合も，当事者間では債権的効力を有するにすぎない。

▶ 株主平等の原則とは，株主としての資格に基づく法律関係において，株主がその有する内容および持株数に応じて平等の取扱いを受けることである。株主平等の原則は，多数決の濫用や経営者の恣意的な権限行使から株主を保護する機能を有する。

解　説

1 株式の種類

(1)　概観

　株式会社にとっては，株式が最も重要な資金調達の手段のひとつです（第2講2）。会社法では，種類株式の多様化により（法108条1項1号〜9号），資金

優先株・劣後株	剰余金配当または残余財産分配について異なる定めをした株式（法108条1項1号2号・2項1号）
議決権制限株式	株主総会の議決権行使できる事項について異なる定めをした株式（法108条1項3号・115条）
譲渡制限株式	譲渡制限について，会社の承認を要することを定款で定めた株式（法2条17号・107条2項1号イ・108条2項4号）
取得請求権付株式	株主が会社に対して株式の取得を請求できる株式（法2条18号・107条1項2号・108条1項5号）
取得条項付株式	会社が一定事由の発生を条件に取得できる株式（法2条19号・107条1項3号・108条1項6号）
全部取得条項付種類株式	株主総会の特別決議によって，会社が全部を取得する定めのある株式（法108条1項7号・171条）
属人的な定めのある株式	非公開会社において，剰余金配当，残余財産分配，株主総会の議決権に関し，株主ごとに異なる取扱いを行う株式（法109条2項・3項）

調達と支配関係の双方に選択の幅が拡げられています。この中には，譲渡制限の定めある株式も含まれています（法108条1項4号。後記(2)）[1]。

　譲渡制限株式（法107条1項1号），取得請求権付株式（同項2号）および取得条項付株式（同3号）の三つについては，会社が発行する株式の全部をこのいずれかの株式にすることができ，この場合にはすべての株式の内容が同一ですから，種類株式とはなりません。これに対して，種類株式を発行した会社（種類株式発行会社。法2条13号）には，法定の種類株主総会の制度が適用されます（同321条〜325条）。

　これらの株式の権利内容を変更するについては，定款の自治が及ぼされており，原則として定款の変更で足ります（法322条1項1号ロ参照）。

　なお，会社法では，株券の不発行を原則とし，定款に定めがある場合にのみ発行できます（法214条）。また，非公開会社では，定款で株券発行を定めて

<hr />

1) 種類株式の利用実務について，菅原「ベンチャー企業と株式—株式発行政策と少数株主への対応」山本爲三郎編『企業法の法理』（慶應義塾大学出版会，2012）31頁。

いても，株主から請求があるまでは，株券を発行しなくても構いません（法215条4項）。

(2) 譲渡制限株式

会社は，株式譲渡の制限について，会社の承認を要することを定款で定めることができます（法2条17号・107条2項1号イ・108条2項4号）。

譲渡承認機関は，取締役会設置会社では取締役会ですが，定款で株主総会とすることも可能です（法139条1項）。ただし，株式譲渡制限の態様に関しては，定款の自治が拡大されており，一定の場合には会社が譲渡承認したとみなす旨を定款で規定できます（法107条2項1号ロ・108条2項4号）。

たとえば，定款に「譲受人が株主である場合には，会社が法136条または137条1項の承認をしたものとみなす」旨の定めをすることにより，株主間の譲渡には承認を不要とすることができます。また，定款に「別段の定め」を置くことにより，株主・役員・持株会等の特定属性の者への譲渡につき承認権限を代表取締役に委任し，または承認を不要とすることも可能です（法139条1項ただし書）。さらには，役員持株会を先買権者に指定する[2]など，定款であらかじめ指定買受人を定めることもできます（法140条5項ただし書）。

また，会社は，一般承継人（株主の相続人等）に対して，当該株式を会社に売り渡すことを請求することができます（法174条）。実務的には，この売渡請求によって，会社にとって好ましくない相続人が，会社に対して株主名簿の書換えを請求してきた場合でも（法134条4号・133条），株主の地位にとどまることを防止することができるわけです。

なお，ある種類の株式に譲渡制限を設ける場合は，当該種類株式の株主に株式買取請求権が与えられます（法111条2項・116条1項2号）。

2）この点，端的に会社を買受指定人に定めることも可能であるが，その場合には自己株式取得に伴う財源規制があることに注意しなければならない。

② 株式の譲渡

(1)　株式譲渡自由の原則

　株式会社では，株主の会社に対する出資の払戻しを原則的に認めていません（直接的な投下資本の回収禁止）。そのような株主の利益を守るために，会社法は，いったん投下した資本を回収できる制度として，株式譲渡の自由を保障しています（法 127 条。第 2 講 ⑧）。

(2)　定款による譲渡制限

　前記 ① (2) のとおり，会社は，株式譲渡の制限について，会社の承認を要することを定款で定めることができます（法 2 条 17 号・107 条 2 項 1 号イ・108 条 2 項 4 号）。この定款による譲渡制限は，会社の閉鎖性維持の観点から（法 107 条・139 条 1 項ただし書・140 条 4 項 5 項参照），会社にとって好ましくない者が株主になることを防止するために，株式の取得を制限したものです。

　定款による譲渡制限に違反して譲渡した場合，当事者間では有効ですが，会社に対する関係では効力が生じません（相対的無効）[3]。譲渡制限の目的は，好ましくない者が株主になることを防止するためですから，会社に対する関係で譲渡を無効とすれば目的は達成されます。また，当事者間の有効は，「譲渡制限株式を取得した株式取得者」（法 137 条 1 項），「株式取得者の取得した譲渡制限株式」（同 138 条 2 号イ）などの条文からも伺うことができます。その場合，譲受人からの譲渡請求は認められますが（法 137 条 1 項），会社の承認を得ない限り株主名簿の名義書換を請求できません（同 134 条 1 項 2 号）。

(3)　契約による譲渡制限

　有効な譲渡制限契約に違反して譲渡がなされた場合も，当事者間では債権的効力を有するにすぎません。したがって，譲受人の善・悪意を問わず，譲渡自体は有効と考えられます。

---

3) 最判昭 48 年 6 月 15 日民集 27 巻 6 号 700 頁〔百選 18〕。

契約による譲渡制限の効力について，伝統的な多数説的見解によれば，
①会社・株主間の契約は，脱法手段となりやすく，原則として無効だが，その
契約内容が株主の投下資本の回収を不当に妨げない合理的なもの（株式譲渡価
格の算定方法が合理的かどうかのポイント）であるときは，例外的に有効となり，
②株主相互間・第三者・株主間の契約では，原則として（会社法の関知しない
ところであるから）契約自由の原則により，有効であるが，会社が契約当事者
となる契約の脱法手段と認められる場合（契約当事者の会社からの独立性が脱法
手段かどうかのポイント）には，例外的に無効となります。この場合の無効主
張は，株式譲渡自由の原則（法127条）違反または公序良俗違反（民法90条）
を理由とします。

これに対して，近時の有力説では，会社が当事者となる契約についても，契
約自由の原則が妥当するので，原則有効であり，譲渡制限の態様が甚だしく不
当で，株主の投下資本回収を著しく阻害している場合など，公序良俗違反と評
価すべき場合に限って，無効とします。

(4) 従業員持株会との関係

従業員持株制度とは，会社が従業員に奨励金の支給などの便宜を与え，従業
員が会社の自社の株式を取得することを奨励する制度であり，上場会社の約
95％が導入しています。そして，持株会規程の定めは，契約による株式譲渡の
制限に該当します。

Caseにおける持株会規程の効力を検討するに際しては，①譲渡先の特定，
②退職による譲渡の強制，③譲渡対価の固定の三つがポイントとなります[4]・[5]。
その場合，各会社の閉鎖性の濃淡によって，具体的な結論が異なる点には注意

---

4) 最判平7年4月25日集民175号91頁〔百選20〕。従業員持株会の有効性に関する近年の判例
として，最判平21年2月17日集民230号117頁。
5) 持株会規程の効力に異議を主張する相手方については，会社と持株会のいずれに株式精算に関
する債務が帰属するのかを吟味しなければならない。また，この場合の請求内容も一つの問題と
なる（東京地判平10年8月31日判時1689号148頁，札幌地判平14年2月15日労判837号66
頁等）。持株会に対する株式譲渡を無効としたうえで，①株式引渡し（株券発行）請求，②株式
の価額相当額の支払請求，または，端的に③損害賠償請求という構成もあり得る（法350条・
429条）。

が必要です。

　退職時における持株会への譲渡強制（①②）については，会社法が株主が買受人を選択できる権利よりも，会社の閉鎖性維持の要請を優先的に取り扱っていますし（法107条1項・139条1項ただし書・140条4項5項等），従業員持株制度の円滑な運営のためですから，その内容が公序良俗違反とまではいえません。特に非公開会社の場合，退職による売渡しの強制は，投下資本回収の機会を提供するという意味もあり，必ずしも従業員株主の利益に反しないものと解されます。また，譲渡対価が固定されている点（③）も，持株会の会員は，株式売却益を獲得できない反面，奨励金支給を含めて考えれば，譲渡価格が取得価格を下回るリスクもありません。

　なお，持株会による株式購入は，「一定の計画に従い」「個別の投資判断に基づかず」「継続的に行われ」「1回当たりの拠出金額が100万円に満たない」場合に限って，インサイダー取引の禁止規制の適用除外となります（金商法166条6項8号，取引等規制府令59条1項4号以下）。したがって，業務に関する重要事実を知った会員従業員が，個別の投資判断に従って，その重要事実の公表前に株式を購入し売却することは禁じられています。

③　株主平等の原則

(1)　平等原則の意義

　株主平等の原則とは，株主としての資格に基づく法律関係において，株主がその有する内容および持株数に応じて平等の取扱いを受けるという原則です。

　会社法は，前記①の種類株式の存在を前提として，「株式会社は，株主を，その有する株式の内容及び数に応じて，平等に取り扱わなければならない」と株主平等の原則を規定しています（法109条1項）。平等原則は，株式の「内容」に応じて平等に取り扱うものですから，種類株式相互間では適用がありません。

　また，非公開会社では，剰余金配当請求権・残余財産分配請求権・株主総会における議決権に関する事項について（法105条），株主ごとに異なる取扱い

を行う旨を定款で定めることができます（同109条2項・309条4項）。

(2) 平等原則の趣旨

　そもそも株主は，株式会社に出資した者であり，会社に対して出資額に相当する割合の持分的な権利をもっています。この株主の会社に対する持分的な権利を表したのが株式です。これを株式会社の社員の地位と言い換えることもできるでしょう。しかも，株式は，均等な割合的単位の形をとっています。

　株主の地位を表す株式が均等である以上，株主の行使できる権利も均等であるべきです。また，株主は，その有する株式の内容と持株数に応じて，それぞれ会社資本に貢献していますから，これを基準に取り扱うのが適切と解されるわけです。

④ 自己株式

(1) 自己株式の取得

　自己株式とは，既存株式で発行会社が保有する株式のことです[6]。M&Aの買収対価として利用する場合や，自己株式の無償消却による1株あたり株式価値の向上にも使われています。

　会社は，自己株式について，議決権を有せず（法308条2項），剰余金の配当請求権はなく（同453条括弧書。454条3項括弧書），当然に残余財産分配権もありません（同504条3項括弧書）。

　自己株式を取得できる場合が列挙されていますが（法155条1号〜13号，規27条），このうち，株主総会決議に基づく取得の場合には（法155条3号），譲渡人となる特定の株主を定めないときと，特定の株主から取得する場合とがあります。また，市場取引などによる自己株式の取得の場合もあります。なお，自己株式の有償取得も出資の払戻しの性質を有することから，一定の事由の例

---

6) 自己株式の自由化につき，高橋美加＝笠原武朗＝久保大作＝久保田安彦『会社法〔第3版〕』（弘文堂，2020）418頁。

外を除き，「剰余金分配」概念としての統一的な財源規制が課されています（法461 条 1 項）。

1-1)　総会決議に基づく不特定株主からの取得

株主総会決議に基づく取得の場合で，譲渡人となる特定の株主を定めないときには，次の四つの手続が必要です。

---

① 株主総会（定時総会・臨時総会）普通決議で，次の事項を決議し，取締役（会）へ授権する（法 156 条 1 項）。
　（ⅰ）有償取得する株式，総数
　（ⅱ）交付する金銭等の内容および総数
　（ⅲ）取得できる期間（1 年を超えない範囲内）
② 取締役（会）は，取得の都度，次の事項を決議し，株主全員に対して通知する（法 157 条・158 条）。
　（ⅰ）有償取得する株式の種類および数
　（ⅱ）1 株あたりの交付する金銭等の内容および金額，算定方法
　（ⅲ）取得価額の総額
　（ⅳ）申込期日
③ 株主は，取得請求期間内に，次の事項を会社に通知して，取得請求する（法159 条）。
　（ⅰ）譲渡しの申込みを行う株式の種類および数
④ 会社は，請求した株主の株式を取得する（会社が定めた取得総数を超える場合は，按分して取得する）。

なお，公開会社の場合，②の株主に対する通知は，公告をもって代えることができます（法 158 条 2 項）。

この手続は，譲渡人となる株主を定めないことから，いわば公開買付けに類似した方法といえます（ミニ公開買付け）。株主総会の承認が，必ずしも定時総会に限定されていませんので，臨時総会を開催して決定することも可能です。

1-2)　総会決議に基づく特定株主からの取得（相対取引）

特定の株主から取得する場合，すなわち相対取引による取得には，株主総会の特別決議が必要です（法 160 条 1 項・309 条 2 項 2 号括弧書）。この場合，譲渡人となる株主は特別利害関係があるため，決議に加わることはできません。

また，株主平等の原則の観点から，売主ではない株主も，自分を売主として

加えるよう会社に請求することができます（法160条2項・3項）。ただし，この売主追加請求制度は，定款で排除することが可能です（法164条）。たとえば，大口株主からの買受けに際して，定款により，他の株主からの買受けを拒否することなどが考えられるでしょう。

なお，非公開会社の場合，相続人等の一般承継人からの取得については，他の株主からの売主追加請求権に関する規定の適用を排除できます（法160条2項3項・162条参照）。

1-3) 市場取引による自己株式取得

株主総会決議に基づく取得に対して，取引所取引や公開買付けといった市場取引などによる自己株式の取得の場合には，株主総会の普通決議による取締役会への授権（前記 1-1) ①。法156条1項）は同様ですが，前記 1-1) ②③の手続は要りません（同165条1項）。また，取締役会設置会社では，市場取引等による取得について，取締役会決議で決定できる旨を定款に定めることができます（法165条2項）。

1-4) 例外的な手続

前記 1-1) 〜 1-3) の自己株式取得に対して，会社は，

① 非公開会社が，相続または合併により自己株式を取得した者から取得する場合
② 合併等により自己株式を取得する場合（法461条1項参照）
③ 合併等の反対株主の株式買取請求に応じて，自己株式を買い受ける場合（法785条1項等）
④ 単元未満株主の買取請求に応じて，自己株式を買い受ける場合（法192条）

には，前記のような手続によらずに自己株式を取得することが認められます。

1-5) 売渡請求

会社は，相続その他の一般承継により株式（譲渡制限株式に限る）を取得した者に対し，当該株式を会社に売り渡すことを請求できる旨を定款で定めることができます（法174条〜177条）。

この定款規定を定めることは，相続や合併により会社が好まないものに株式が承継された場合の対応策として利用できるでしょう。また，株式の相続人に

とっても，納税資金を捻出するための方策とすることができます。

(2) 手続違反の効力

手続規制に違反した自己株式取得の効力について，明文の規定はありません。

会社は株主総会の欠缺など，手続違反を容易に知ることができるので，無効としても必ずしも法律関係の安定を害するとはいえませんが，他方，会社が株式市場で買い付けた場合などは（法165条），売主は会社が買主であることを知らない場合があり得るため，一律無効は妥当ではありません。

多数説によれば，取得は私法上無効と解されるが，違法な会社の取得であることにつき相手方が善意の場合には取引の安全が優先され，会社は無効を主張できないとします[7]。これに対して，民法93条を類推適用し，原則として取得は有効だが，相手方が取得手続の違反について悪意または有過失であるときは無効とする見解もあります[8]。

なお，手続違反ではなく，取得財源規制に違反した自己株式取得の効力については，剰余金分配と同一された財源規制を受けることから（法461条1項2号3号・2項），違法配当と同様の議論があります（**第17講②(4)**）。

(3) 自己株式の処分・消却

自己株式処分は，募集株式等の発行に準ずる手続とされています。

なお，自己株式の処分にも，現物出資の規制が適用されます（法199条1項3号・207条）。また，金融商品取引法との関係では，自己株式の処分についても，会社の株式を引き受ける者の募集として整理され，インサイダー取引規制上の「重要事実」に該当するので，その旨の注意が必要です（金商法166条2項1号イ）。

また，消却（法178条1項。特定の株式を消滅させる会社の行為）により，発行済株式総数を減らすことができます。その手続は，取締役会の決議（取締役会設置会社〔委員会設置会社では執行役への委任可〕），または，株主総会の決議

---

7) 江頭憲治郎『株式会社法〔第8版〕』（有斐閣，2021）260頁。

8) 相澤哲ほか編著『論点解説 新・会社法』（商事法務，2006）150頁。

（それ以外の会社）です。

　前記2 (4)の従業員持株会においても，従業員株主に会社から奨励金が支給されることから，株主平等の原則に抵触するのではないかが問題とはなります。奨励金は，株主としての持株会会員に与えられるのではなく，従業員としての会員に与えられているものだとして，一般に企業実務では，従業員としての地位に基づく福利厚生の一環であるという法的整理をしています。ただし，過分な奨励金を支給すると，株主平等原則との関係でリスクがあるため，入念な制度設計が必要です。この点，奨励金は，月例拠出金の5％程度が平均的ではないかと思います。

　株主優待制度の設計も，実務的な課題です。株主優待は，営業上のサービスとの解釈も成り立ちますし，また，個々の株式の内容を定めたものではありませんから，どの株主も条件を満たしさえすれば利益を享受することができます。その意味で，すべての株主にとって機会は平等ですから，その制度自体が株主平等の原則に反するとはいえないと解されます。しかし，多くの場合，持株数と優待内容とが完全な比例しているわけではありません。また，国内事業の商品やサービスの還元を優待内容とする場合には，外国人株主が享受しにくいなどの問題も指摘されているところです。制度の運用にあたっては，現物配当規制や配当財源規制の潜脱とならないような配慮が求められるでしょう。

　株式会社においては，原則として，多数派の代表である経営者に支配権が集中する結果となります。ところが，株主平等の原則という歯止め・限界があるから，株主の取扱いを平等にしなければならない要請も働くわけです。

　このように株主平等の原則は，多数決の濫用や経営者の恣意的な権限行使から（特に少数派の）株主を保護する機能を有することになります。たとえば，企業実務の視点からすれば，たとえ定款自治の範囲においても9)，株主平等の原則との調整が必要であることに注意すべきでしょう。

発展課題

☑ 株式譲渡の制限について取締役会の承認を要する旨を定款で定めた会社において，全株保有の一人株主がその持株全部を取締役会の承認を得ずに譲渡し，譲受人から名義書換の請求があった場合，会社はこれを拒むことができるかどうか検討してみよう。

⇒ 定款違反の株式譲渡の効力と一人会社の特殊性。参考判例としては，最判平 5 年 3 月 30 日民集 47 巻 4 号 3439 頁。

☑ ある株式会社が，2021 年の株主総会において，次のような内容の定款変更を行おうと考えているが，それが許されるかどうか検討してみよう。

① 1 万株以上の株式の所有者は，自社の製品を定価の 40％ 引きで購入することができる。

② 2022 年以降に発行する株式に対して行う剰余金の配当は，それまで発行した株式に対して行う剰余金配当の 50％ とする。

⇒ 株主平等の原則のその例外を整理（①は株主優待制度）。

9）会社法は，法制の柔軟の一環として，定款の自治を強調している。たとえば，会社の機関構成において，株主総会と取締役のみを法定必要的機関とし，取締役会や監査役などの設置は定款自治の対象としている（法 326 条～ 328 条）。また，定款で定めることによって，種類株式の選択（法 107 条・108 条）や取締役決議による剰余金分配（同 459 条・460 条）など，各種の制度を幅広く採用することも可能である。定款自治の範囲の拡大により，会社経営の選択肢も増えることとなるが，その一方で，会社経営者にとっては，それだけ経営判断が求められる場面が拡大し，自己責任経営の色彩が強くなったことを意味していることにも注意しなければならない。

【Case】
　Bは，甲会社の株式をAから譲り受け，法定の手続に従って株主名簿の名簿書換を請求したが，名簿上はA名義のままとなっていた。その後，甲社の株主総会において，その過半数の株式を有する株主の賛成で取締役選任の決議がされたが，Bには，その総会の招集通知が発せられていなかった。Bは，甲社とAに対して，どのような請求ができるか。

本講のポイント

▶株主名簿とは，株主とその持株等に関する事項を記載・記録するため，株式会社に作成が義務づけられた帳簿であり，その機能としては，株式譲渡の対抗要件が重要である。

▶株主は，株主名簿の記載がなければ権利行使できず，また，会社の側としても，名簿上の株主を権利者として扱えば足りる。

▶会社の都合で株式譲渡の名義書換で遅れていても，会社がその譲渡を認めて譲受人を株主として取り扱うことは妨げない。しかし，名義書換請求の不当拒絶の場合には，会社は，株式譲受人Bを株主として取り扱うことを要し，株主名簿上の株主Aを株主として取り扱うことはできない。

▶株式譲渡の譲受株主と譲渡人とは当事者間だから，譲受人が会社に対抗できるか否かにかかわらず，譲受人は，譲渡人に対して，株式の保有者であることを主張できる。

解　説

1　株主名簿と名義書換

(1)　株主名簿

　株主名簿とは，株主とその持株等に関する事項を記載・記録するため，株式会社に作成が義務づけられた帳簿のことです。

　株式の譲渡は自由が原則ですから，株主は絶えず変動します（法127条）。また，本来の株式会社は，大規模な企業形態を想定していますから，そこでは多数の株主の存在が前提となっています。会社としては，誰が現在本当の株主なのかを明確にしておかなければなりませんし，場合によっては，株主の株式保有の状態を固定しておくことも必要になります。株主名簿の制度は，こうした株主関係の明確化や固定化といった要請によるものです。

　会社法には，①会社の作成・備置義務（法121条・125条），②株主名簿の記載事項（同121条），③株主に対する通知・催告に関する免責（同126条），④閲覧謄写請求（同125条2項）などの定めがあります。

　株主名簿の機能としては，株式譲渡の対抗要件が重要です。法130条1項は，「株式の譲渡は，その株式を取得した者の氏名又は名称及び住所を株主名簿に記載し，又は記録しなければ，株式会社その他の第三者に対抗することができない」と規定します。つまり，株主は株主名簿の記載がなければ権利行使できないし，また，会社の側としても名簿上の株主を権利者として扱えばよいということです。株券不発行会社では，株主名簿の名義書換が会社・第三者に対する対抗要件であり（法130条1項），株券発行会社（同117条7項）では，これが会社に対する対抗要件となります（同130条2項）[1]。

(2)　基準日制度

　株主名簿との関連では，基準日の意義についても確認しておく必要があります。

　基準日とは，株主総会で権利行使できる株主を確定するため，一定の日における株主名簿上の株主を権利者とみなす制度です（法124条）。

　会社は，特に定款変更することなく，基準日後に株式を取得した者の株式の全部または一部を，権利行使できる者と定めることができます。ただし，当該株式の基準日株主の権利を害することはできません（法124条4項）。

　1）株券発行会社における第三者対抗要件は，株券の占有である（民法178条）。

〔図〕

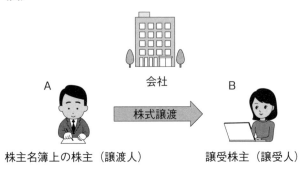

A　　　　　　　　会社　　　　　　　　B

株式譲渡

株主名簿上の株主（譲渡人）　　　　　　譲受株主（譲受人）

(3)　名義書換

　株主は，株主名簿の記載がなければ権利行使できませんし，また，会社の側としても，名簿上の株主を権利者として扱えば足ります（法130条）。したがって，株式を譲り受けた株主が，会社に対してその権利を行使したければ，株主名簿の名義書換を請求しなければならないということになります。

　名義書換請求権者につき，株券発行会社と株券不発行会社とで異なるため，この点を整理しておく必要があります（法133条2項）。なお，法133条2項は強行法規であり，たとえ定款をもってしても，同項と異なる定めをすることは許されないと解すべきです[2]。

① 株券不発行会社：株主名簿上の株主（またはその一般承継人）と株式取得者との共同請求です（法133条2項，規則22条1項）。

② 株券発行会社：株式取得者（法133条2項，規則22条2項1号）。なお，株券占有者は権利者と推定されます（法131条1項）。

②　名義書換未了株主の地位

　株主名簿の名義書換については，会社の株主A（譲渡人）がB（譲受人）に株式譲渡したが，名義書換が未了だった場合，会社は名義書換未了のBを株

---

2) 定款で名義書換請求の方法を狭めることを許せば，株主の請求権が不当に制限されることになるからである。

主として取り扱うことができるか，という問題があります。

　判例によれば，会社の都合で株式譲渡の名義書換が遅れていても，会社がその譲渡を認めて譲受人を株主として取扱うことは妨げない，と判示しています（肯定説）[3]。要するに，会社が自己の危険において譲受人を株主として取り扱うことを可としているわけです。なぜならば，①法130条は対抗要件にすぎませんし，②名義書換制度の目的が会社側の事務処理上の便宜にあるからです。

　これに対して，名義書換は株主関係の画一的処理のための制度を強調する立場は，①会社による二重拒絶を可能にし，②株主平等原則にも反するとして，判例の立場を批判します（否定説）。しかし，「対抗することができない」という130条の文言からは，否定説に解釈上の限界があると思います。

③ 名義書換の不当拒絶

(1) 不当拒絶の法律関係

　株式の譲受人から適法な名義書換請求があったにもかかわらず，会社が不当に名義書換を拒絶したような場合，法130条を文言どおりに適用してもよいのかが問題となります。仮に法130条をそのまま適用すれば，名義書換が未了ですから，譲受人には対抗力が認められず，株主としての権利行使ができないことになってしまうからです。

　判例は，名義書換請求の不当拒絶の場合，会社は，株式譲受人Bを株主として取り扱うことを要し，株主名簿上の株主Aを株主として取り扱うことはできないとします[4]。なぜなら，株主名簿は，会社・株主間の関係を集団的・画一的に処理するという会社の事務処理上の便宜の制度ですし，また，名義書換を怠った会社が，その不利益を譲受人に負わせることは信義則に照らして妥当ではないからです（民法1条2項）。

　したがって，譲受人Bは名義書換未了のままで株主権を行使することが許され，会社がBに権利行使させなかった場合には，仮に名簿上の株主（譲渡人）

　3）最判昭30年10月20日民集9巻11号1657頁。

　4）最判昭41年7月28日民集20巻6号1251頁〔百選15〕。

Aに権利行使させたとしても，会社は免責されません。たとえば，Bが会社に対して剰余金の配当請求をすれば，会社はこれを拒絶できませんし，株式分割があれば，Bはこれによる新株式も請求できることになります。

　なお，名義書換請求の不当拒絶と過失による名義書換未了とでは，厳密には事例が異なります。しかし，判例は，譲受人Bが，名義書換することなく，株主としての権利を行使できるものとし，いずれの場合も同様に理解しています[5]。

(2)　不当拒絶の判断基準

　不当拒絶とは，正当な拒絶理由がないのに，意図的に名義書換請求を拒絶することです。会社が無権利を立証できる証拠もないのに名義書換を拒絶した場合には，不当拒絶と判断されるものと解されますが，問題は，その具体的な判断基準です。

　この点，会社の側からみれば，①法定の手続に従った適法な名義書換請求がなされていない，②名義書換を請求した株式取得者が真実の株主でなく，しかも，会社がそのことを立証できる[6]，③株券喪失登録がなされている（法221条）という各場合には，「正当な拒絶理由」があると解釈できます。

　たとえば，株券発行会社においては，譲受株主が株券占有のうえで名義書換請求したのに拒絶されれば（法131条1項），不当拒絶というべきでしょう。この基準によれば，①会社は他に証拠がない場合に書換に応じても免責されますし，②会社が拒絶を拒める積極的理由もありません。したがって，会社としては，まったく不利益を被らないからです。

(3)　譲受株主の発行会社に対する請求

3-1)　配当金請求権

　名義書換請求の不当拒絶の場合または過失による名義書換未了の場合，会社

---

5)　前掲4)・最判昭41年7月28日。

6)　②の場合には，会社は名義書換に応じて株主権を行使させた場合に免責されないため，むしろ名義書換を拒絶すべきである。

は，譲受人Bを株主として取り扱うことを要し，株主名簿上の株主Aを株主として取り扱うことができません（前記(1)）。

　したがって，仮に剰余金の配当がある場合，譲受株主Bは，会社に対して，その配当を請求できます。会社の側も，Bからの配当金請求があれば，これを拒絶することはできません。配当金をAとBに二重払いした場合には，会社はAに対して不当利得返還請求をすることになるでしょう。

3-2)　株式分割による新株式の帰趨

　株式譲渡後に会社が株式分割したが，未だに名義書換未了だったという場合，譲受株主Bは，会社に株式分割で増加した新株式の交付を請求することができるでしょうか。ここでのポイントは，株主名簿上の株主Aに対する新株式の発行が無効かどうかです。仮に新株式の発行が無効であれば，会社がBに改めて新株式の発行を行うことも可能と解釈できますが，この点には諸説あります。

　名義書換請求の不当拒絶の場合には，会社は，Bを株主として取り扱うことを要し，Aを株主として取り扱うことができないわけですから，Aは非株主ということになります。だとすれば，非株主に対する新株式の発行は，当然に無効であり，会社としては，Bからの請求に応じて，改めて新株式を発行できるとの結論となります。

　他方，株式分割に伴う株式発行にも，新株発行無効の訴えに関する規定が（類推）適用されると考える立場[7]からは，この訴えに適う無効原因が認められるか否かを検討することになりましょう。仮に無効原因が認められない場合には，会社がBに新株式を発行することはできません。したがって，Bとしては，譲渡人であるAに対して，売却代金の返還を請求するしかないと思います（後記(4)）。

(4)　株式譲渡当事者間の法律関係

　譲受株主Bと譲渡人Aとは株式譲渡の当事者間ですから，Bが会社に対抗

---

7)　吉本健一『会社法〔第2版〕』（中央経済社，2015）302頁，江頭憲治郎『株式会社法〔第8版〕』（有斐閣，2021）299頁。

できるかどうかにかかわらず，Bは，Aに対して，株式の保有者であることを主張できます。

剰余金の配当がある場合，判例は，譲受人Bに配当金を受ける正当な権利があるとして，Aが受領した配当金につき，たとえBの名義書換が未了であっても，不当利得返還請求権を認めています[8]。したがって，BはAに対して，配当金および利息の支払いを求めることができます（民法704条）。なお，Aが株式を第三者に売却していた場合，不当利得制度の本質は，受けた利益を返還することにありますから[9]，損失者Bに対し，受益者Aは，原則として売却代金相当額の金員の不当利得返還義務を負うこととなります[10]。

また，株式譲渡後に会社が株式分割したが，未だに名義書換未了だったという場合でも，BはAに対し，新株式について，同様に不当利得による返還請求ができるものと解されます。

(5) 第三者対抗の解釈論

仮に名義書換未了が会社に対抗できるとしても，第三者に対抗できるか否かは別問題です。

この点，株券不発行会社の場合，譲受人は，株主名簿に記載がなければ，会社にも第三者にも対抗することができません（法130条1項）。不当拒絶や過失による名義書換未了があれば，譲受人として，会社には株主権を主張できますが（前記(1)），第三者には対抗できないという結論となります。

これに対して，株券発行会社における不当拒絶の場合，法130条2項の文理に従えば，譲受株主Bは自己が株主であることを会社には対抗できます。しかし，仮に株券を占有していなければ，第三者には対抗できず（民法178条），反射的に株式を失うことになります。したがって，株式譲渡人Aに対する強制執行に際して，その株式に執行が行われた場合でも，Bに第三者異議の訴えは認められないということになります（民事執行法38条1項）。

---

8) 最判昭37年4月20日民集16巻4号860頁。
9) 最判昭49年9月26日民集28巻6号1243頁。
10) 失念株の売却に関し，最判平19年3月8日民集61巻2号479頁〔百選16〕。

　いずれにせよ，少なくとも悪意の，とりわけ不当拒絶に加担した第三者には対抗できると解すべきです[11]。

　なお，株式を失うことにより被った損害については，B が名義書換を怠った会社に対して損害賠償請求することになるでしょう（前記 (3) 参照）。

4　失念株

　失念株とは，剰余金の配当，株式の分割，株式の無償割当て，または株主割当てによる新株発行があった場合に，旧株の譲受人が割当当日までに名義書換を失念し，その結果，譲渡人（株主名簿上の株主）に割り当てられた株式のことです。

　上場株式については，社債，株式等の振替に関する法律（振替法）により，いわゆる株券の電子化以降，振替口座（保有欄）への増加の記載・記録が譲渡の効力要件となり（同法 140 条），かつ振替機関の総株主通知によって基準日・効力発生日に株主名簿の名義書換がなされたものとみなされますから（同法 151 条・152 条），失念株の問題は解消されています。

5　株式併合・株式分割ほか

(1)　株式併合，株式分割，株式無償割当て

　株式併合は，数個の株式を合わせて，それよりも少数の株式とすることをいいます（法 180 条〜 182 条の 6）。たとえば，2 株を 1 株に併合したり，5 株を 3 株にしたりすることです。株式併合は，少数派を 1 株未満の端数しか有さない株主にして，その端数を金銭処理することにより，キャッシュ・アウトの一方法に用いられることもあります（**第 19 講 6** (1)）。それとは逆に，株式分割とは，発行済株式を分割・細分化することであり，たとえば，1 株を 2 株や 3 株へとすることです（法 183 条・184 条）。

　11）上柳克郎ほか編集代表『新版注釈会社法 (14)』〔神崎克郎〕（有斐閣，1990）168 頁。

株式併合の場合，1株に満たない端数が生じて，株主が持株を失う可能性があるため，株主総会の特別決議を要するなど，厳格な手続が定められています。これに対して，株式分割の場合は，そうした持株を失う株主が出ませんから，取締役会設置会社では，取締役会決議で足ります。

　なお，会社は，株主に対して新たな払込みをさせないで，株式の割当てをすることができますが（株式無償割当て），これによって異なる種類の株式を無償交付することも可能です（法185条〜187条）。株式分割では，必ず同種の株式を交付しますが，異なる種類の株式を交付する場合には株式無償割当ての方法によることになります。

(2)　単元株制度

　かつて旧商法時代には，端株制度というものがありました。これは，1株に満たない端数を有する者に対し，議決権以外の一定の権利を与えるものです。しかし，会社法では，この端株制度を廃止し，これを単元株制度に一本化しています（法188条〜195条）。

　単元未満株主は，議決権を行使できません（法189条1項）。その他の権利についても，一定の範囲で定款による制限をすることができます（法189条2項）。

⑥　企業実務の視点からみた名義書換と出資単位

　上場会社の株式については，前記④のとおり，振替法に基づく株式振替制度に移行した関係で，本講で扱った名義書換の議論がなされる部分は相対的に少なくなります。他方，非上場の中小企業，特に株券発行会社の場合には，純粋な会社法上の条文に沿った理解が必要です。

　ところで，実務的には，出資単位という論点もあります。たとえば，株式の流通性を高めるためには，1株あたりの市場価格を引き下げればよいでしょう。市場価格の引下げには，株式分割を行うことが有効ですが，株式分割だけを実行すれば，その分株式数も増加し，株式管理コストが上昇してしまいます。そこには，株式分割と単元株式数の増加を同時に行うというニーズも認められま

す。

　この点，会社法上，株式分割と同時に 1 単位の株式数を増加させる場合には，定款変更を株主総会の決議によらずに行うことができます（法 191 条 1 号）。これにより，株式の市場性・流通性を高めながら，株主管理コストを低下させることが容易になるでしょう。

発展課題

☑ 会社が株主割当ての方法による募集株式の発行等を行い（法 202 条），株主名簿上の譲渡人が募集株式の割当てを受ける権利を行使し，株式の発行を受けた場合の法律関係を検討してみよう。

　⇒ 最判昭 35 年 9 月 15 日民集 14 巻 11 号 2146 頁，高橋美加＝笠原武朗＝久保大作＝久保田安彦『会社法〔第 3 版〕』（弘文堂，2020）64 頁参照。

機関総説・株主総会Ⅰ

> 【Case】
> 　Ｙ会社の株主であるＸは，Ｙ社の定時株主総会に際し，Ｙ社に対して，自らを取締役に選任することを含む数十個の議案を提案し，これら議案の要領を招集通知により株主に通知することを請求した。しかし，Ｙ社から議案の削減を要求され，Ｘは，これに応じて議案の一部を削減したにもかかわらず，残る議案のうち一部が招集通知に記載されなかった。

本講のポイント

▶公開会社，監査役会設置会社，監査等委員会設置会社または指名委員会等設置会社の株主総会では，会社の基本事項のみを決定する。

▶株主総会の法定権限は，①取締役・監査役等の機関の選任・解任，②会社の基礎的変更に関する事項，③株主の重要な利益に関する事項などであり，それ以外の事項の決定は，取締役会に委ねられている。

▶株主総会の招集通知は，会日の２週間前（非公開会社は１週間前）までに発する。

▶株主には，会社が株主総会を招集する機会を利用し，自らの考えを株主総会に提案する株主提案権（議題提案権・議案提案権・議案通知請求権）がある。

▶近年は，いわゆるアクティビストによる株主提案権の動向にも注視が必要である。

解　説

① 機関総説

(1)　機関の意義

　会社は法人ですから（法3条），あたかも自然人と同様に，会社自体が権利を取得し，義務を負担することができます。しかし，自然人と同様に行動できるといっても，法人とは，あくまでも観念的な存在であり，法的なフィクションにすぎません。

　したがって，会社という法人を現実に動かすためには，どうしても生身の人間の存在が必要となります。たとえば，会社が，自らの名義で，銀行から運転資金を調達するにせよ，取引先と販売代理店契約を締結するにせよ，実際には自然人がその実行を担わなければなりません。

　このため，会社においては，ある一定の地位を有する自然人の意思決定または行為が，法律上，会社の意思または行為と認められることが必要です。そのような地位を会社の機関といいます。

　会社の機関の行為が会社の行為と認められるということは，機関の行った行為（厳密には，契約など，意思表示を要素として成立する法律行為）の法律効果（権利義務などの法律関係の発生・変更・消滅）が，会社に直接帰属することを意味します。原則として，他人（機関である自然人）の行った行為の効果が本人（会社）に帰属することはありません。そこで，他人の行為の効果を本人に直接帰属させるために，代理の制度を用いることとなります（民法99条）。

　このように，会社の事業全般にわたる包括的な代理権限を有する機関を設置すれば，機関の行為＝会社の行為と認められます。この包括的な代理権限を代表権限と呼び，代表権限を有する機関を代表機関と呼びます。

(2)　会社の機関構造と代表機関

　株主は，出資することによって，会社を割合的に共有しますから，実質的には会社の所有者の地位にあります。しかし，所有者である株主が，会社経営の能力があるとはいえませんし，株主が多数にのぼる可能性もありますから，自分で会社の経営に直接あたることに限界があります。そこで，株主としては株主総会を組織し（法295条），その総会を通じて取締役を選び（同329条），経営の専門家である彼らに会社の経営を任せることにしています（**第2講4**）。このように，株式会社は，原則として所有と経営が分離されているため，株主と会社経営を担う代表機関とが制度的に分化しています（法331条2項本文参照）。

　指名委員会等設置会社（法2条12号）を除けば[1)]，取締役会設置会社（法2

---

1) 指名委員会等設置会社の代表機関は，代表執行役である（法420条1・3項）。

条7号）の代表機関は，代表取締役です（同349条4項・362条3項）。取締役会を設置しない会社では，取締役が業務執行機関であり（法348条1項），かつ代表機関ですが，代表取締役を定めることもできます（同349条1項）。

　これに対して，持分会社（合名会社・合資会社・合同会社の総称。法575条1項）では，その社員が業務執行機関であり，かつ代表機関となることが原則です（同590条1項・599条）。

(3)　株式会社の機関構成

　会社法では，二つの基準を使って株式会社を四つに仕分けしています[2]。

　一つ目の基準は，会社の規模の基準です。資本金5億円以上または負債200億円以上の株式会社が「大会社」です（法2条6号）。

　二つ目の基準が株式の流動性となります。株式の流動性の低い会社とは，株主の顔ぶれがあまり変わらない会社ということですが，発行する全部の株式に譲渡制限がついている会社のことです（非公開会社）。条文では「公開会社でない株式会社」と表現しています（法109条2項等）。これに対して，発行する株式の一部でも譲渡制限をしていなければ，「公開会社」と定義します（法2条5号）。上場会社は当然に公開会社ですが，それ以外であっても，自由に譲渡できる株式が一部でも発行されていれば，この公開会社の概念に含まれることになります。

　大会社でかつ公開会社は，監査役会を設けて会計監査人を置くのか，委員会型（後記(4)）を採用するのかという選択肢しかありません。これに対して，大会社以外でかつ非公開会社ならば，さまざまな機関構成をとることができます（法326条〜328条）。たとえば，非公開会社では，取締役会を設置する必要がありません（法327条1項1号）。ちなみに，大会社でもなく，発行する株式のすべてに譲渡制限がついているという企業が，日本の株式会社の典型であり，主流であり，最大多数派です。

　2）菅原『企業法務入門20講』（勁草書房，2021）51頁。

表　会社法における機関構成の概略

	株主総会 取締役	取締役会	監査役等	会計監査人	備　　　考
Ⅰ	株主総会 取締役	—	—	—	従前の有限会社
Ⅱ			監査役		
Ⅲ				会計監査人	
Ⅳ		取締役会	会計参与	—	非公開・非大会社のみ 選択可能
Ⅴ			監査役		旧商法上の中小会社
Ⅵ				会計監査人	平成5年改正前の大会社
Ⅶ			監査役会	—	
Ⅷ				会計監査人	旧商法上の大会社
Ⅸ			委員会型		

	非公開（株式譲渡制限）会社	公開会社
大会社以外	Ⅰ～Ⅸの9種類	Ⅴ～Ⅸの5種類
大会社	Ⅲ，Ⅵ，Ⅷ，Ⅸの4種類	Ⅷ，Ⅸの2種類

(4)　指名委員会等設置会社・監査等委員会設置会社

4-1)　指名委員会等設置会社

　指名委員会等設置会社とは，指名委員会（取締役の選任・解任に関する議案を決定）・監査委員会（取締役と執行役の職務の執行を監査し，会計監査人の選任・解任・不再任に関する事項を決定）・報酬委員会（取締役と執行役の報酬の内容や方針を決定）の三つの委員会を設置する会社です（法2条12号）。取締役会設置会社，会計監査人設置会社でなければならず（法327条1項4号・5項），監査役は置くことができません（同条4項）。

取締役は業務執行を行わず，取締役会で経営の基本方針の決定のみを担い，代わりに業務執行を行う執行役が置かれます（執行と監督の分離）。各委員会は，3名以上の取締役で構成されます（法400条1項・2項）。また，独立性の観点から，各委員会の委員の過半数は，社外取締役である必要があります。

4-2) 監査等委員会設置会社

監査等委員会設置会社とは，監査役会の代わりに，社外取締役がその委員の過半数を占める監査等委員会を設置し，取締役の職務執行の組織的監査を担わせる会社です（法2条11号の2)[3]）。したがって，監査役は置かれません（法327条4項）。また，会計監査人の設置が必要です（327条5項）。

監査等委員会には，取締役の人事・報酬に関する意見陳述権があるなど，指名委員会・報酬委員会に準じた機能が期待されています。監査役会設置会社と指名委員会等設置会社の折衷的な機関設計と評することができるでしょう。

②　株主総会の権限と招集時期

(1)　株主総会の権限

株主総会は，株主の総意によって会社の意思を決定する機関です。ただし，取締役会設置会社では，会社の合理的運営を確保するため，所有と経営を分離し，株主総会は基本事項だけを決定する機関であるとしています（法295条2項）。公開会社，監査役会設置会社，監査等委員会設置会社または指名委員会等設置会社は，取締役会を設置しなければなりませんから（法327条1項），これら会社の株主総会では，会社の基本事項のみを決定することとなります。

株主総会の法定権限は，①取締役・監査役等の機関の選任・解任に関する事項，②会社の基礎的変更に関する事項（定款変更，合併・会社分割等），③株主の重要な利益に関する事項（剰余金分配等），④取締役に委ねたのでは株主の利益が害されるおそれが高いと考えられる事項（取締役の報酬の決定等）であり，それ以外の事項の決定は，取締役会に委ねられます（法362条2・4・5項）。

---

3) 菅原「監査等委員会設置会社—解釈上の論点と実務への影響—」法学研究89巻1号77頁。

　これに対して，取締役会を設置しない会社では，組織・運営・管理その他会社に関する一切の事項について決議できますから（法295条1項），いわゆる株主総会万能主義を採用しているわけです。公開会社・監査役会設置会社・監査等委員会設置会社・指名委員会等設置会社以外の会社であれば，取締役会を設置する必要がありませんから（法327条1項1号），取締役会の非設置を選択すれば，株主総会において，強行法規や公序良俗に反しない限り，どのような事項も決議できることになります。

(2)　招集時期

　株主総会には，毎事業年度の終了後一定の時期に招集しなければならない定時株主総会と（法296条1項），いつでも必要がある場合に招集できる臨時株主総会とがあります（同条2項）。

　ちなみに，上場会社の大半が例年6月に定時株主総会を開催しています。これは，3月末日を決算期とする会社が多く，かつ株主名簿の基準日を決算期と一致させるのが実務上の取扱いであるため，定時株主総会を基準日から3か月以内に開催する必要があるからです（法124条2項）。

③　株主総会の招集手続

(1)　招集の決定

　株主総会の招集権者は取締役，より具体的には代表取締役です（法296条3項）[4]。

　株主総会を招集する場合に決議すべき事項は，明文で規定されています（法298条1項，規63条）。すなわち，株主総会の日時および場所，会議の目的事項（議題），書面投票制度を採用する場合にはその旨などが決議すべき事項です。そして，これらの事項の決定については，取締役会設置会社では取締役会が行います（法298条4項）。

---

4) 少数株主による招集の制度もある（法297条）。

ところで，取締役会設置会社では，株主総会は，取締役会で決定した議題以外の決議をすることができません（法309条5項）。その趣旨は，株主に対する不意打ちの防止にあります。株主の株主総会の出席や議決権行使は，株主の権利であって義務ではありませんし，株主は，招集通知に示された議題をみて，出席するか否かを判断するわけですから，事前に通知されなかった事項について決議をすることは株主への不意打ちになってしまうからです。

なお，招集手続を欠いても，株主全員の事前同意が得られれば，株主総会決議は適法となります。ただし，この場合，招集通知の省略は認められますが（法300条），取締役会の招集事項の決議そのものは必要です（同298条1項）。法298条に定める取締役会決議さえも欠いているという場合には，いわゆる全員出席総会（株主全員がその開催に同意して出席した株主総会）によることとなります5)・6)。

(2)　招集通知

株主総会の招集通知（電磁的記録も可）については，株主の出席の機会と準備の期間を与えるため，会日の2週間前（非公開会社は1週間前）までに発しなければなりません（法299条1項）7)。また，取締役会設置会社の場合，招集通知は書面による必要があります（法299条2項2号）。

招集通知に際しては，計算書類・事業報告・監査報告・会計監査報告を提供します（法437条）8)。また，書面投票・電子投票を採用する場合（第7講3(3)），または議決権を有する株主が1,000人以上の場合には，議決権行使のための参考書類9) および議決権行使書面（またはその電磁的手段）を交付する必要もあ

---

5)　最判昭60年12月20日民集39巻8号1869頁〔百選30〕。
6)　株主総会の開催すらない場合として，株主総会の決議の省略（いわゆる「書面決議」）の規定がある（法319条）。
7)　招集通知を発送したが，これが到達しなかった場合には，通常到達すべき時を到達とみなす（法126条1・2項）。
8)　定時株主総会に提出される計算書類について，菅原『新しい会社法の知識〔全訂版〕』（商事法務，2006）96頁。
9)　株主総会参考書類の記載事項については，規則に規定されている（規65条〜94条）。

ります（法 301 条・302 条）[10]。

　なお，令和元年改正では，株主の個別の承諾を得なくても，株主総会参考書類，計算書類，事業報告などの電子提供を可能とする仕組み（株主総会資料の電子提供措置）が創設されました（法 325 条の 2 ～ 325 条の 4）[11]。この電子提供の制度は，上場会社等には強制適用されます。

　他方，取締役会を設置しない会社では，株主総会が万能機関になると，頻繁に株主総会を開く必要がでてきます（前記②(1)）。商いというものは，重要な財産の売買や多額の借金の決定も含めて，商機を逃しては成り立たないため，これらを年に 1 回の定時株主総会で決めるというわけにはいきません。そこで，取締役会を設置しない会社では，株主総会を口頭で招集しても構いませんし（法 299 条 2 項 2 号），会議の目的事項の記載・記録も要らず（同条 4 項），計算書類や監査報告の書類の添付も要求されないなど（同 437 条），株主総会に関する規制が相当緩和されています（同 301 条・438 条等）。

(3)　議題と議案

　株主総会の審議対象である「株主総会の目的である事項」（298 条 1 項 2 号，297 条 1 項，304 条 1 項など）を，一般的に「議題」といいます。これに対して，「議案」（法 304 条）とは，議題についての具体的な提案のことです。

　たとえば，「取締役 3 名選任の件」「剰余金配当の件」は議題ですが，「取締役 A を選任する」「普通株式 1 株につき 5 円を配当する」というのが議案です[12]。要するに，「議題」と「議案」とは，抽象度の違いであり，後者のほうが具体的なものなのです。

　議題と議案は，特に後記③の株主提案権で問題となります。「議題」提案権（法 303 条 1 項）は，株主総会において一定の事項を株主総会の目的（＝議題）

---

10) 参考書類・事業報告・計算書類の一部記載事項については，インターネットによる開示措置により，株主への提供に代替できる（ウェブ開示制度。規 94 条・133 条，計規 133 条 4 項・134 条 4 項）。これは，株主への情報開示に要する費用を合理的な範囲に留めるための措置である。

11) 徳本穰＝服部秀一＝松嶋隆弘編『令和元年会社法改正のポイントと実務への影響』（日本加除出版，2021）58 頁。

12) 東京地判平 19 年 12 月 6 日判タ 1258 号 69 頁〔百選 34〕。

とすること，たとえば「取締役3名選任の件」という議題を請求する権利です。他方，「議案」提出権とは，株主総会の目的（議題）について，具体的に「取締役Aを選任する件」という議案を提案する権利になります（法304条）。ここは混同しやすい点なので，確認しておきましょう。

4 株主提案権

株主は，会社が株主総会を招集する機会を利用し，自らの考えを株主総会に提案することができます[13]。これが株主提案権であり，具体的には議題提案権・議案提案権・議案通知請求権という三つの権利が定められています（法303条～305条）。

(1) 議題提案権

少数株主（取締役会設置会社の場合には，6か月前からどの時期をとっても総株主の議決権の1％以上または300個以上の議決権を有していた株主。ただし，非公開会社では，6か月の保有期間は課されない）は，会社が招集する総会で一定の事項を議題とすることができます（法303条）[14]・[15]。これが議題提案権であり，議題追加権と概念することもできるでしょう。たとえば，前記③(3)のとおり，「取締役○名選任の件」というのが追加すべき議題となります。なお，その行使について，必ずしも書面による必要はありません。

(2) 議案提案権

議案提出権とは，株主総会の現場において，議題について具体的な「議案」を提案する権利です（法304条）。株主総会の議場で，動議という形式にて「取

---

[13] 少数株主には，株主総会招集権（6か月前からどの時期をとっても総株主の議決権の3％以上の議決権を有していた株主）が認められている（法297条）。

[14] 行使できる少数株主の資格要件について，定款で緩和することもできる。

[15] 議案が株主提案に係るものである場合には，株主総会参考書類に，規93条1項各号に掲げる事項を記載する必要がある。

締役に A を選任する」といった提案をする例などが考えられます。

(3)　議案通知請求権

　議案通知請求権は，株主が提出しようとする議案について，その要領を招集通知に記載することを請求する権利です（法 305 条 1 項，規 93 条 1 項 3 号）。この請求権を行使できる株主の要件は，議題提案権と同じです（前記 (1)）。

(4)　株主提案権をめぐる解釈問題

　議題提案権と議案要領請求権の請求は，株主総会の日の 8 週間前までに行わなければなりません（法 303 条 2 項・305 条 1 項）。公開会社の株主総会の招集通知は，原則として，会日の 2 週間前に発する必要があり（法 299 条 1 項），株主総会の 8 週間前に提案権が行使された場合には，残りの 6 週間でその提案に対応した招集通知の印刷・封入・発送等をしなければなりません。この 6 週間のうちに，会社が事前に用意した議題等に追加して，提案に対応した事項を招集通知に記載または記録し，これを発送するわけですから，会社の事務処理の観点からすれば，時間的な余裕は決して多くないといえるでしょう。

　公開会社の株主が株主提案権を行使するためには，「総株主の議決権の 100分の 1 又は 300 個以上の議決権」を「6 か月前」より有していることが必要です（法 303 条 2 項・305 条 1 項）。この 6 か月持株保有要件の起算点は，行使日から遡って 6 か月間と考えるのが多数説です[16]。また，この持株要件をいつまで充足している必要があるかについては見解が分かれていますが，基準日か提案権行使持のいずれか遅いほうと考えるべきでしょう。

　ところで，議案通知請求権（法 305 条）が無視された場合は，招集手続に違法性があるものとして，株主提案に対応する会社提案の議案についてのみ決議取消事由になると解するのが通説です（同 831 条 1 項 1 号）。これに対し，議題提案権（法 303 条）や議案提案権（法 304 条）の行使に手続違反があったとしても，それに対する決議がない以上，決議取消しの問題は生じないとするのが

16）東京地判昭 60 年 10 月 29 日商事 1057 号 34 頁。

多数説です[17]。

5 企業実務の視点からみた株主総会[18]

(1) 株主総会の現状と課題

　かつては，日本企業の特質であった株式持合いによって，いわゆる「物言わぬ株主」が大半を占めていました。しかし，近年では，開催日時を集中日からずらせて，株主が出席しやすいものとする取組みが進んでいます。また，株式の持合い状況にも大きな変化が生じてきました。

　これに伴い，「物言う株主」も確実に増加しています。最近の株主総会においては，株主提案権を行使し，増配議案，役員報酬の個別開示，経営陣への参画を意図した取締役選任，株主に対する決算説明会の開催などを求める実例も認められるようになってきました。こうした「物言う株主」の傾向は，株式持合いや取引上の必要で出資した大株主の姿勢にも影響を及ぼしています。

　このような状況を踏まえて，会社の側でも，広く個人投資家に対する企業情報の開示に努め，IR活動を推進し，株主総会を株主との双方向的コミュニケーションの場として活用する姿勢が顕著です。

(2) 株主提案の動向

　株主提案権は，株主にとって自らの考えを会社経営に反映できる重要な権利ではありますが，一部には株主総会の運営を撹乱するような濫用的事例も見受けられ[19]，Caseもそのような事例の可能性があります。こうした状況を背景に，令和元年改正では，株主が提案することのできる議案数の制限が定められました。すなわち，取締役会設置会社において，議案通知請求権を行使する場合の議案の上限数は10個と定められています（法305条4項前段)[20]。

17）東京高判平23年9月27日資料版商事333号39頁。ただし，有力な反対説あり。
18）株主総会運営の実務に関し，菅原・前掲2) 57頁。
19）東京高判平27年5月19日金判1473号26頁等。
20）德本ほか・前掲11) 85頁。

　近年は，機関投資家による積極的な議決権行使など，経営陣に対する株主の監視の目が厳しさを増しています。その背景には，スチュワードシップ・コードの影響，ISS やグラスルイス等による議決権行使基準の厳格化などがあります。また，最近では，株主提案行使件数の増加が顕著です。このうちアクティビスト（要求型株主）から株主提案を受けた企業数が増えており，アクティビストによる投資活動は，今後とも我が国で活発化する可能性が高いように思えます。

発展課題

☑ 取締役会設置会社において，①事業の重要な一部の譲渡，②取締役の報酬の決定を取締役会の権限とし，③代表取締役の選定，④会社の業務執行の決定を株主総会の権限とすることはできるか検討してみよう。
　⇒ 法 467 条 1 項 2 号・361 条・362 条 2 項 1 号 3 号の各趣旨を整理。

☑ 適法に株主提案権が行使され，その議題・議案を株主総会に上程しなかった場合の法的効果を検討してみよう。
　⇒ 本文 4 (4) も参考としながら，株主総会決議取消訴訟や過料の対象となる可能性を含めて多面的に検証のこと。

【Case】
　甲会社の定款には，株主総会の議決権の代理行使を株主に限る旨の定めがある。甲社の株主Ａは，甲社の定時株主総会（本件総会）の議案に反対する予定でいたが，急用が入ってしまったことから，同人の顧問弁護士であるＢに，Ａの代理人として本件総会で反対の議決権行使をするように正式に依頼し，Ｂはこれを了承した。ところが，本件総会の当日，Ｂが会場に着いて受付をすると，甲社は，Ｂが株主ではないことから，議決権の代理行使を株主に限る旨の定款に反するとして，Ｂの本件総会への参加を頑なに拒否した。
　そうした事実経緯を問題視した別の甲社株主Ｃは，本件総会決議の取消しを求める訴えを提起した。

本講のポイント

▶株主総会の議長には，議事を公正・円滑に運営するため，議事整理権限が与えられている。
▶株主総会において，株主から特定の事項について説明を求められた場合には，当該事項について必要な説明をしなければならない。
▶株主は，代理人により議決権を行使することができ，定款で代理人資格を株主に限定することも許容される。
▶株主総会の表決は，議案に対する各株主の確定的な賛否の態度が自ずから明らかとなり，その議案に対する賛成の議決権数が決議に必要な数に達したことが明白になった時に成立する。
▶たとえ株主総会の決議があっても，招集手続や決議方法が法令・定款に違反した場合などには，株主は，決議取消しの訴えを提起できる。ただし，その違反する事実が重大でなく，かつ決議に影響を及ぼさないと認められるときは，裁判所の裁量棄却が認められる。

解　説

① 議事手続

(1)　議事運営

　議事の方法については，会社法に特別の規定はありませんから，定款または慣習によります。また，議事の運営は，議長が行います（法315条1項）。議長の議事整理権限は，議事を公正・円滑に運営するために与えられたものです[1]。

　議題は招集通知に記載された事項に限られますが，延期や続行の決議は可能です（法317条）。また，議事録を作らなければなりません（法318条）。

(2)　バーチャル株主総会

　現行法上，株主総会の招集に際しては，物理的な開催場所を決めなければならないため，物理的な開催を伴わないオンラインのみの株主総会〔バーチャル・オンリー型〕は認められません（法298条等）。しかし，リアル株主総会の開催に加え，その開催場所に在所しない株主がインターネット等の手段を用いて参加する総会〔ハイブリッド型〕は可能です（規72条3項1号）[2]。

　この点，「産業競争力強化法等の一部を改正する等の法律」により，上場会社が経済産業大臣および法務大臣による確認を受けた場合は，バーチャル・オンリー株主総会を実施できる特例が設けられることとなります[3]。

---

　1)　差別的取扱いを受けたことにより精神的苦痛を被ったなどとして不法行為に基づく損害賠償請求を会社に求めた事案において，「株式会社は，同じ株主総会に出席する株主に対しては合理的な理由のない限り，同一の取扱いをすべきである」，しかし「現に議長からの指名を受けて動議を提出しているのであって，具体的に株主の権利の行使を妨げられたということはできず」「法的利益が侵害されたということはできない」と判示した判例がある（最判平8年11月12日判時1598号152頁）。ほかに議事運営の適否が争われた裁判例として，従業員株主の協力を得た議事進行と決議方法の著しい不公正について争われた事案（大阪高判平10年11月10日商事1509号43頁）や，出席株主に所持品検査や持込制限も可能とした事案（福岡地判平3年5月14日判時1392号126頁）がある。
　2)　経済産業省「ハイブリッド型バーチャル株主総会の実施ガイド」（2020年2月26日策定）。
　3)　この特例の適用は，対象が上場会社のみであり，経済産業大臣および法務大臣による確認と定款の定めが必要である。

② 取締役等の説明義務

2-1) 説明義務と拒絶事由

　取締役，会計参与，監査役および執行役は，株主総会において，株主から特定の事項について説明を求められた場合には，当該事項について必要な説明をしなければなりません（法314条本文）。

　ただし，①当該事項が株主総会の目的である事項に関しないものである場合，②その説明をすることにより株主の共同の利益を著しく害する場合，③その他正当な理由がある場合として法務省令で定める場合には，説明を拒否することができます（法314条ただし書，規71条）。このうち「株主の共同の利益を著しく害する場合」とは，企業秘密やノウハウの開示を求める質問のような場合です。

　また，株主が説明を求めた事項について，説明するために調査することが必要である場合は，説明を拒否することができますが，当該株主が株主総会の日より相当の期間前に当該事項を株式会社に対して通知した場合には，説明を拒めません（規71条1号）。

2-2) 説明義務の発生時

　この説明義務は，「株主総会において，株主から特定の事項について説明を求められた」時に発生します（法314条）。

　したがって，会社に株主からの事前質問状が到達したからといって，説明義務が生じるわけではありません。ただし，前記2-1）のとおり，事前質問状によって「当該株主が株主総会の日より相当の期間前に当該事項を会社に対して通知した場合」には，書面に記載された質問について，株主総会で説明を求められれば，「説明をするために調査をすることが必要である」との理由で説明を拒絶することができなくなります（規71条1号イ）。

2-3) 説明義務の程度

　決議事項については合理的判断に必要な程度，報告事項では内容を理解するために必要な程度を説明すれば足り，質問者が主観的に納得するまで説明する必要はありません[4]・[5]。

　なお，いくつもの質問事項がある場合，事項ごとにまとめて説明する方式（一括回答方式）を採用することも可能です[6]。

③　株主総会の議決権

(1)　1 株 1 議決権の原則

　株式会社における社員（構成員）地位は，株式として，細分化された割合的な単位となっています。したがって，株式会社の経営参加ないし支配も，出資額の割合に比例するのが基本となります（資本多数決制）。

　資本多数決制のもと，株主は，株主総会において，その有する株式 1 株につき 1 個の議決権を有します（法 308 条 1 項本文）。これを「1 株 1 議決権の原則」といいます。その根拠は，多くのリスクを負っている者が多くの発言権を有するのが合理的だからです。これも株主平等の原則のひとつです。

　このように多くの出資をした者（同時に多くのリスクを負っている者）は多くの発言権もありますが，法律上の例外も認められています。たとえば，非公開会社では，定款によって株主平等につき例外的な取扱いをすることが許容されています（法 109 条 2 項）。また，議決権制限株式（法 108 条 1 項 3 号），単元株制度（同 188 条 1 項・308 条 1 項ただし書），会社間の株式相互保有規制（同 308 条 1 項），自己株式（同 308 条 2 項）なども，1 株 1 議決権の例外です。

(2)　議決権の代理行使

2-1)　代理行使の趣旨

　株主は，自ら総会に出席して議決権を行使するのが原則ですが，代理人により議決権を行使することもできます（法 310 条 1 項）。

---

　4)　東京地判平 16 年 5 月 13 日金判 1198 号 18 頁。

　5)　退職慰労金贈呈に関する具体的な説明義務の内容について，①会社に現実に一定の確定された基準が存在すること，②その基準は株主に公開されて周知のものであるか，または株主が容易に知り得ること，③その内容が支給額を一義的に算出できるものであること，とされている（東京地判昭 63 年 1 月 28 日判時 1263 号 3 頁）。

　6)　東京高判昭 61 年 2 月 19 日判時 1207 号 120 頁〔百選 35〕。

議決権は，財産権的性質を有し，非個性的で代理行使になじみますし，多数の株主が分散しており，株主自身の行使が不便な場合があります。そこで，総会に自ら出席できない株主に，自己の信頼できる代理人による議決権行使の機会を保障したのです。たとえば，病気入院中の株主が息子・甥に代理権行使させることも許されます[7]。

　なお，代理人による議決権行使に関して必要な事項（代理権を証明する方法や代理人の人数など）は，株主総会の招集時に個別に定めることができます（規63条5号）。ただし，定款に規定が置かれている事項については，総会招集時に決議する必要はありません。

2-2)　定款による代理人資格の制限

　法は議決権行使できる代理人の資格について特に規定していません。そこで，代理人資格を株主に限定する定款規定の有効性が問題となります。

　判例は，定款で代理人資格を株主に限定することも許容します[8]。定款による制限が許されるためには，①合理的理由がある場合，②相当と認められる程度の制限，という二つの要件が求められますが，代理人資格を株主に限る旨の定款規定は，会社の利益保護のためのもの（第三者によって総会が攪乱されることを防ぐもの）であり，合理的理由があり，制限の程度も相当の範囲内だと考えられるからです。

2-3)　非株主の代理行使の可否

　判例によれば，地方公共団体や株式会社の職員・従業員は，たとえ当人が株主でなくとも，代理行使が認められます[9]。

　特に問題なのは，Case のように，株主が弁護士に委任した事例です。

　この点，議決権行使の拒絶は違法（定款規定は有効だが，会社の利益が害されるおそれがないと認められる場合には，定款解釈運用を誤ったというべき）と判断した下級審の裁判例もありましたが[10]，現在の実務では，弁護士による代理

---

7)　大阪高判昭41年8月8日判タ196号126頁。
8)　最判昭43年11月1日民集22巻12号2402頁〔百選32〕。
9)　最判昭51年12月24日民集30巻11号1076頁〔百選37〕。
10)　神戸地尼崎支判平12年3月28日判タ1028号288頁。

権行使の拒絶を適法と解する見解が定着しています[11]。会社としては，出席資格のないはずの代理人（非株主の弁護士）の入場を認めれば，決議方法の「定款」違反となり，逆に出席資格のある代理人の入場を拒絶すると，決議方法の「法令」違反となってしまうわけですから，その判断を誤れば，どちらに転んでも取消事由というリスクを負担する立場にあります（法 831 条 1 項 1 号）。しかし，会社をそうした立場に置くことは適当ではありません。

　株主総会運営の実務では，どこまでを適法とするかで不平等な扱いが生じるリスクがあるため，あらかじめ取扱いを統一しておくことが必要です[12]。

(3)　書面投票制度，電子投票制度

　株主は，自身が総会に出席して議決権を行使するのが原則ですが，代理人によって議決権を行使することができるほか（法 310 条 1 項），書面投票や電子投票の制度も認められています。

　書面投票制度とは，議決権行使書面に記載された議案に関して賛否を問う制度のことであり（法 298 条 1 項 3 号・301 条・311 条），電子投票制度とは，取締役会の決議により，ウェブサイトや電子メール等による電磁的方法によって株主がその議決権を行使するものです（同 298 条 1 項 4 号・302 条・312 条）[13]。書面による議決権行使を認める場合には，株主総会参考書類・議決権行使書面も添付する必要があります（法 301 条 1 項・2 項）。

　議決権を有する株主が 1,000 人以上であれば，書面投票制度を採用しなければなりません（法 298 条 2 項，規 64 条）。したがって，大会社であるかどうかを問わず，株主が 1,000 人以上の会社には，書面投票制度が強制的に適用されます。また，書面投票制度が義務づけられる会社は，招集通知を電磁的方法による招集通知の受領を承諾した株主に対し，議決権行使書面に記載すべき事項

---

[11]　東京高判平 22 年 11 月 24 日資料版商事 322 号 180 頁，菅原「株主総会」石山卓磨監修『検証判例会社法』（財経詳報社，2017）220 頁。

[12]　菅原『企業法務入門 20 講』（勁草書房，2021）60 頁。

[13]　書面投票と電子投票の重複行使があった場合の取扱いや，電子投票の議決権行使受付期間については，規則に定められている（法 312 条 1 項，規 63 条・66 条・69 条・70 条）。

を電磁的方法により提供すればよく，株主の請求がない限り議決権行使書面を交付する必要はありません（法301条2項）。

(4)　議決権の不統一行使

議決権の不統一行使とは，株主が複数の議決権を有する場合，その一部で賛成し，残りで反対することを認めるものです（法313条）。

取締役会設置会社では，株主は会社に対し，総会の3日前までに，不統一行使する旨とその理由を通知しなければなりません（法313条2項）。しかし，取締役会を設置しない会社の株主は，事前通知することなく，議決権の不統一行使が認められています。

4　決議

(1)　決議の方法

株主総会の決議は多数決によって行われますが，その要件は決議事項により，

① 普通決議（議決権を行使することができる株主の議決権の過半数を有する株主が出席し（定足数），その出席株主の議決権の過半数で決定する。法309条1項），

② 特別決議（議決権の行使することができる株主の議決権の過半数を有する株主が出席し（この定足数は，定款で3分の1まで軽減できる），その議決権の3分の2以上の多数で決定する。同条2項），

③ 特殊決議（特別決議以上の厳格な要件の決議。同条3項・4項）

に分類されます[14]。

このうち，普通決議の定足数は，定款で軽減・排除することができ，多くの会社では定足数を完全に排除している実態があります。ただし，取締役・監査役・会計参与の選任・解任決議（ただし，監査役の解任決議を除く。法343条4項）については，定足数を議決権行使することのできる株主の議決権の3分の

14）書面投票制度の場合，書面によって行使した議決権の数は，株主総会の定足数に組み入れられる（法311条2項）。

1 未満に引き下げることができません（決議要件を定款で引き上げることはできる。同 341 条）[15]。

(2)　決議の成立

判例によれば，議事の方式について，定款に別段の定めをしていない限り，総会の討議過程の最終段階にいたって，議案に対する各株主の確定的な賛否の態度が自ずから明らかとなり，その議案に対する賛成の議決権数がその総会の決議に必要な議決権数に達したことが明白になったときに，表決が成立したものと解されています[16]。

したがって，会社側提案議案の可決が（議決権行使書面等の集計から）採決前に判明している場合には，議長の合理的裁量が認められますから[17]，拍手または挙手による採決方法でも問題ありません。他方，議決権が拮抗している場合には，投票などの慎重な採決方法をとる必要があります[18]。

なお，採決方法が違法の場合，賛否の認定の誤りですから，決議方法の法令違反として取消事由となります（法 831 条 1 項 1 号）。

5　株主総会決議の瑕疵

(1)　決議取消しの訴え

たとえ株主総会の決議があっても，その手続や内容に瑕疵がある場合には，その効力を否定すべきです。そこで，その救済方法のひとつとして，招集手続や決議方法が法令・定款に違反した場合などにつき，決議取消しの訴えを規定

---

15) 取締役の責任免除等には株主全員の同意が必要であるが（法 424 条・120 条 5 項・462 条 3 項等），全員の同意がいる場合は必ずしも総会を開く必要がない（同 319 条参照）。

16) 最判昭 42 年 7 月 25 日民集 21 巻 6 号 1669 頁。

17) 東京地判平 14 年 2 月 21 日判時 1789 号 157 頁。

18) 大阪地判平 16 年 2 月 4 日金判 1191 号 38 頁は，投票を行わなかった株主を賛成と扱わなければ決議が否決された事案において，「議長が投票という表決方法を選択した以上，投票によって意思を明〔ママ〕しない者の議決権を，その者の内心を推測して議案に賛成する旨投票したものとして扱うことは許されない」にもかかわらず，そのように扱って可決承認した旨宣言した決議は違法であると判示している。

しています（法831条）。これは判決の確定によってはじめて法律関係の変動（決議の遡及的無効）が生じる形成の訴えです。

提訴権者（原告適格者）は，株主・取締役・執行役・監査役・清算人であり（法831条1項柱書前段・828条2項1号）[19]，被告は，その株式会社です（同834条17号）。

ある株主に対する招集通知不発送を理由として，別の株主が決議取消しの訴えを提起できるかについて，判例は，「株主は自己に対する株主総会招集手続に瑕疵がなくとも，他の株主に対する招集手続に瑕疵のある場合には，決議取消しの訴えを提起し得る」とします[20]。決議取消しの訴えは，法令・定款を遵守した会社運営を求めるものですし，条文上も「株主等」とのみ規定し，自己に対する瑕疵に限定していないからです（法831条1項柱書前段）。

また，決議取消しの判決には，法律関係の画一的処理の要請により，対世効が認められますから（法838条），原告の勝訴判決が確定したときは，判決の効力が当事者以外の第三者にも及び，だれも決議の効力を争えなくなります。そして，判決の効力については，取消しの効果を徹底するという観点から，遡及すると解釈されています（法839条参照）[21]。

(2) 裁量棄却

決議取消しの訴えが提起された場合に，招集手続や決議方法が法令・定款違反であるとしても，その違反する事実が重大でなく，かつ決議に影響を及ぼさないと認められるときは，裁判所は，その裁量によって，決議取消しの請求を棄却することができます（法831条2項）[22]。これを裁量棄却といいます。

裁量棄却の「違反する事実が重大でなく」かつ「決議に影響を及ぼさない」

19）「当該決議の取消しにより株主…又は取締役，…監査役若しくは清算人…となる者」にも原告適格がある（831条1項柱書後段）。

20）最判昭42年9月28日民集21巻7号1970頁〔百選36〕。

21）決議がなされた外観的事実を信頼した第三者については，不実登記の効力に関する規定（法908条2項）や表見代表取締役（同354条），表見代理（民法109条等）などの法理によって保護する。

22）最判昭46年3月18日民集25巻2号183頁〔百選40〕。

という要件について，実務的には後者に重点を置いて判断されています[23]。

(3)　決議取消判決の効力と訴えの利益消滅

　後の株主総会による追認決議（同一内容の議案を再可決）は，決議取消訴訟にいかなる影響を与えるか，訴えの利益は失われれるかという問題があります。

　たとえば，役員選任決議取消しの訴えの係属中に，その決議に基づいて選任された役員がすべて任期満了により退任し，その後の株主総会決議によって新たに役員が選任されたときなどです。判例によれば，その場合，決議取消しの訴えは，実益なしに帰するので，訴の利益を欠くに至り，取消しの訴えは却下されるとします[24]。

　他方，計算書類承認決議の取消しの訴えの係属中に，翌期以降の計算書類の承認決議がされ，確定した場合は，決議取消しにより，計算書類が未確定となりますから，それを前提とする次期以降も不確定となり，訴えの利益は失われないと判示しています[25]。

　しかし，役員選任決議取消しの例において，取消判決の効力が遡及することを前提とすれば，先行した選任決議の取消判決が確定すると，その瑕疵が連鎖し，後続の選任決議も不存在となるわけですから，訴えの利益も失われないとの結論を導けるはずです[26]。

(4)　決議の不存在・無効確認の訴え

　決議取消しのほうは，決議「内容」の「定款」違反，または「手続」の法令・定款違反などの場合ですが，決議「内容」が「法令」に違反するときには，決議が無効となります（法830条2項）。この場合には，原告や提訴期間に制限がありません。

23）東京地方裁判所商事研究会編『類型別会社訴訟 I〔第3版〕』（判例タイムズ社，2011）446頁。
24）最判昭45年4月2日民集24巻4号223頁〔百選38〕。
25）最判昭58年6月7日民集37巻5号517頁〔百選39〕。
26）伊藤靖史＝大杉謙一＝田中亘＝松井秀征『リーガルクエスト　会社法〔第5版〕』（有斐閣，2021）170頁。

また，事実上あるいは法律上，決議が存在しなかったと評価される場合には，不存在確認の訴えも提起できます（法830条1項）。

⑥　企業実務の視点からみた説明義務

現実の運営では，厳格に説明義務の範囲に回答をとどめるというより，現在は株主との唯一の対話の場として株主総会を活用しているのが実態です（対話型総会）。

対話型総会において，説明義務の有無にかかわらず，説明を検討すべき（ないし説明が望ましい）事項としては，①期中または総会当日までの間のトピックス・社会的関心事，②営業政策・現業部門のサービス・株主優待制度，③将来の概括的な経営戦略，④BCP・環境問題，⑤内部統制・コーポレートガバナンスなどがあります。

発展課題

☑ 修正動議が提出された場合には書面投票をどのように取り扱うべきか検討しよう。

⇒ 休憩や質疑打ち切りなどの手続的動議については，書面投票を行った株主は欠席したものとして取り扱う一方，役員選任議案に対する候補者の変更提案などの修正動議については，書面投票を行った株主も出席議決権には含め，賛成には含めない。

☑ 株主の一部に対する招集通知が欠けている株主総会の決議の効力について検討しよう。

⇒ 決議取消しの訴えの意義，裁量棄却，判決の効力，不存在確認の訴え（本文⑤参照）などを整理。

【Case】
　甲株式会社の取締役会において，生産部門を担当する取締役Ａが，新規製品の開発計画を説明・付議した。一般管理部門を統括する取締役Ｂと営業担当の取締役Ｃは，Ａの説明が専門的・技術的であったため十分に理解できず，当該議案にも特段の反対をしなかった。ところが，この新製品には本来的な欠陥があり，その販売によって業績不振に陥り，かえって甲社に重大な損害を生じる結果となった。Ｂ・Ｃは，どのような法的責任を問われる可能性があるか。

本講のポイント

▶取締役会設置会社において，業務執行の意思決定を取締役会の権限としているのは，経営に関する英知を結集し，経営の慎重性を確保するためである。

▶社外取締役には，①経営効率の向上のための助言を行う機能，②経営全般の監督機能，③経営評価機能，④利益相反の監督機能が期待されている。

▶重要な財産の処分・譲受けは，取締役会のみが決定できる専権事項となっている。

▶取締役会議事録に異議をとどめなかった取締役は，決議に賛成したものと推定される。

▶取締役会決議を欠く代表取締役の行為も，原則有効であり，相手方が悪意・有過失であるときは無効となる。

解　説

1　総説

(1)　取締役・代表取締役

1-1)　取締役会設置会社の取締役

　株主が株主総会を組織し，その総会を通じて取締役を選び，彼らに会社の経営を任せます。取締役会設置会社においては，取締役の員数は３人以上必要です（法331条5項）。ただし，個々の取締役それ自体が会社の機関となるわけで

はありません。取締役全員で取締役会を構成し（法362条1項），取締役会が会社の業務執行について意思決定をします（同条2項1号・4項）。つまり，取締役会は会社の機関ですが，取締役はその構成員にすぎません。

　取締役会設置会社において，業務執行の意思決定を取締役会の権限としているのは，経営に関する英知を結集し，経営の慎重性を確保するためです。

1-2)　代表取締役，業務執行取締役

　取締役会は会議体ですから，物事を決めることには向いていますが，それを実行するのには不向きです。そこで，取締役会は，業務執行の機関を選びます。すなわち，取締役の中から，対外的な代表権限を有する代表取締役を選定し（法362条2項3号・3項，363条1項1号），また，代表取締役以外にも，業務を執行する取締役を選定することかできるのです（業務執行取締役。法2条15号・363条1項2号)[1]。

　代表取締役は，業務執行機関として内部的・対外的な業務執行の権限を有し（法363条1項1号)[2]，株主総会や取締役会の意思決定を執行します。経営の機動性確保の観点からは，取締役会から委任された事項に関し，自ら意思決定し執行する権能を有しています。また，日常の業務（常務）については，取締役会の委任があると推定されます。

1-3)　取締役会非設置会社の取締役

　取締役会を設置しない会社を選択した場合には，取締役の員数は1人で足ります（法326条1項）。そして，取締役は，定款に別段の定めがある場合を除いて，会社の業務を執行し，対外的に会社を代表する会社の機関となります（法348条1項・349条1項）。要するに，各取締役が会社の業務執行権限・代表権

---

1)　業務執行権限・代表権限の分担を受けた（取締役以外の）経営者として，任意の機関である執行役員がいる。執行役員については，会社法に規定を設けられていないため，その権利義務を民法で規律することとなる（同法644条・651条・415条・709条等）。菅原「執行役員制度についての法的再検討」法律実務研究15号5頁。

2)　製品の製造や技術開発，財務や人事の執行権限など，会社経営に関する対内的な業務執行権限と，法律行為の効果帰属に関する対外的な代表権限とは，法的に別個の権限であるが，現実には業務執行権限の所在に代表権限を重ねることが自然である。山本為三郎『会社法の考え方〔第11版〕』（八千代出版，2020）9頁。

限を有するわけです。

1-4)　社外取締役

社外取締役とは，社外から就任した取締役を指します。親会社や取締役，子会社や兄弟会社の一定の取締役，取締役の配偶者または二親等以内の親族等は，社外取締役とは認められません（法 2 条 15 号）。社外取締役の役割としては，①経営効率の向上のための助言を行う機能（助言機能），②経営全般の監督機能，③経営評価機能，④利益相反の監督機能が期待されています[3]。

令和元年改正では，監査役会設置会社・公開会社・大会社で有価証券報告書の提出義務を負う会社に対し，社外取締役の設置を義務づけ（法 327 条の 2），社外取締役への業務執行の委託を認めるという新しい制度も設けています（同 348 条の 2）。

1-5)　執行役

指名委員会等設置会社（法 2 条 12 号）の取締役は，原則として業務執行権限を有しません（同 415 条）。執行役は，指名委員会等設置会社の業務執行を担います（法 418 条）。また，執行役の中から，取締役会決議により，代表機関である代表執行役を選定します（法 420 条）。

(2)　取締役と会社の関係

取締役・執行役と会社との関係は委任に関する規定に従うため（法 330 条・402 条），取締役・執行役は，その職務執行につき，会社に対して善良な管理者の注意義務を負います（善管注意義務。民法 644 条）。善管注意義務とは，その会社の取締役・執行役として一般的に要求される注意義務のことです。

また，取締役・執行役は，会社のため忠実にその職務を行う義務も負担しています（忠実義務。法 355 条・419 条 2 項）。忠実義務は善管注意義務の内容を会社法的に実現したものであり，両義務の性質は同じものと解釈されています[4]。

これらの義務違反により会社に損害が発生した場合には，取締役・執行役の

---

3)　社外取締役を詳論したものとして，菅原「小論・社外取締役の研究―令和元年改正と日本型ガバナンスへの示唆―」慶應法学 46 号 1 頁。

4)　最判昭 45 年 6 月 24 日民集 24 巻 6 号 625 頁〔百選 2〕。

任務懈怠という債務不履行となりますから，会社に対する損害賠償責任が発生します（法423条1項）。

(3) 取締役会・委員会

3-1) 取締役会

取締役会は，取締役全員で構成し（法362条1項），その会議体により業務執行を決定するとともに，取締役の職務執行を監督する機関です（同362条2項・4項。後記②）。公開会社，監査役会設置会社，監査等委員会設置会社または指名委員会等設置会社は，取締役会を設置しなければなりません（法327条1項）。これら取締役会設置会社の取締役会では，①業務執行の決定，②取締役の職務執行の監督，③代表取締役の選定・解職を行います（法362条2項）。

取締役会を業務執行の意思決定の場としているのは，経営に関する英知を結集し，慎重性を確保するためです。そこでは取締役間で活発な意見が交わされ，適正な業務執行の意思決定が行われることが予定されています。取締役会は，最低3か月に1回は招集され，そこで代表取締役や業務担当取締役が自らの職務執行状況を報告します（法363条2項）。取締役は，代表権の有無にかかわらず，各自取締役会を招集し（ただし，招集権者を定款または取締役会で定めることもできる。法366条1項），招集権者に招集を請求することができます（同条2・3項）。

これに対して，公開会社・監査役会設置会社・監査等委員会設置会社・指名委員会等設置会社以外の会社では，取締役会を設置する必要がありません。取締役会を設置しない会社では，会社の重要な業務執行に関する事項（法348条2項・3項）や株主総会の招集（同296条3項）は，取締役（複数の場合には，その過半数）が決定します[5]。

3-2) 委員会

指名委員会等設置会社の取締役会の中には，指名委員会（取締役の選任・解任に関する議案を決定）・監査委員会（取締役と執行役の職務の執行を監査し，会

---

5) 取締役会を設置しない会社では，競業取引・利益相反取引の承認（法356条1項），自己株式の子会社からの買受け（同163条），株式分割（同183条2項）について，株主総会で決定する。

計監査人の選任・解任・不再任に関する事項を決定）・報酬委員会（取締役と執行役の報酬の内容や方針を決定）という三つの委員会が設けられ，各委員会は 3 人以上の取締役によって構成されます（法 400 条 1 項）。

　また，監査等委員会設置会社では，監査役会の代わりに，社外取締役がその委員の過半数を占める監査等委員会が設置されています。監査等委員会には，取締役の人事・報酬に関する意見陳述権があるなど，指名委員会・報酬委員会に準じた機能が期待されています[6]。

(4)　表見代表取締役

　社長，副社長など，通常は代表取締役に与えられる名称を有しているが，実際には代表権をもっていない取締役のことを，表見代表取締役といいます。

　代表取締役の氏名は登記事項ですから（法 911 条 3 項 14 号），登記をみれば代表権の有無は当然に分かるはずです。しかし，社長や副社長など，通常は代表取締役に与えられる名称を有している取締役の場合，外部の人間は，その者を代表取締役だと誤認しやすいでしょう。そこで，取引の安全を確保するため，これら表見代表取締役の行為については，会社は善意の第三者に対して，代表者の行為と同様に責任を負うものとしました（法 354 条）。

　表見代表取締役の要件は，①名称の付与という外観の存在，②「名称を付した」ことに対する与因（帰責事由），③外観への第三者の信頼です。外観への信頼について，条文上は「善意」だけですが，判例は，第三者に重大な過失がないことも要求しています[7]。

② 　取締役会の権限

(1)　英知の結集

　取締役会が 3 人以上の取締役で構成されている趣旨は（法 331 条 5 項），①経営に関する英知を結集し（同 362 条 2 項 1 号），②経営判断の慎重性を確保する

---

6) 菅原「監査等委員会設置会社─解釈上の論点と実務への影響─」法学研究 89 巻 1 号 77 頁。
7) 最判昭 52 年 10 月 14 日民集 31 巻 6 号 825 頁〔百選 48〕。

ためです（同項2号）。取締役会は、取締役全員で構成され（法362条1項）、経営の重要事項に関する意思決定については、いわば専権的に行います（意思決定機関。同条4項）。すなわち、経営の重要事項は、これを代表取締役の独断で決めることはできませんし、株主総会もその決定には関与できず、取締役会のみが決定できる専権事項なのです。

　条文では「取締役会は、次に掲げる事項その他の重要な業務執行の決定を取締役に委任することができない」と持って回ったような表現をしていますが（法362条4項）、要するに、経営の重要事項については、たとえ代表取締役や担当の業務執行取締役であっても、その決定を委ねることはできず、必ず取締役会で議論のうえ、決議しなければならないということです。また、法362条4項は、①重要な財産の処分および譲受け、②多額の借財、③支配人その他の重要な使用人の選任および解任、④支店その他重要な組織の設置、変更および廃止等を含む7項目の事項を掲げていますが、これは例示列挙であって、これらと同等・同格な経営の重要事項であるならば、取締役会で決定しなければなりません。

(2)　重要な財産[8]

　法362条4項1号は「重要な財産の処分及び譲受け」を取締役会決議事項と定めており、取締役会のみが決定できる専権事項となっています。このような経営の重要事項は、会社の利益を確保するため、英知の結集たる取締役会で審議するとともに、代表取締役の独走をも防止しなければならないからです（法362条2項1号・2号参照）。

　ところが、条文上は「重要な」としか定められておらず、何をもって重要か、重要ではないか（すなわち、取締役会に付議すべきか否か）が判然としませんので、一つの解釈問題になります。

　この点、「重要な財産の処分に該当するかどうかは、①当該財産の価額、②その会社の総資産に占める割合、③当該財産の保有目的、④処分行為の態様及

---

8)「多額の借財」については、東京地判平9年3月17日判時1605号141頁。

び⑤会社における従来の取扱い等の事情を総合的に考慮して判断すべきものと解するのが相当である」（丸数字：筆者）としたうえで，総資産の約 1.6% に相当する価額の財産を売却したことが「重要な財産の処分」にあたると判示した最高裁の判例があります[9]。ただし，本件の売却財産は，会社の保有する株式であったため，判例の示した「1.6%」という数値基準も，それなりに割り引いて考えておく必要があります。

　そこで，実務では，定款等，会社に依るべきルールがあれば，それに従い（⑤「会社における従来の取扱い」），なければ，処分当時の貸借対照表上で総資産の 1.0% 以上の場合には（②「その会社の総資産に占める割合」），取締役会に付議すべしと解釈しています[10]。

(3)　取締役会の監督

　取締役会は「取締役の職務の執行の監督」を行います（法 362 条 2 項 2 号）。監査役設置会社では，経営に対する監視制度（モニタリング・システム）について，取締役会による妥当（効率）性の監督と，監査役による適法（健全）性の監査という，我が国独特の並立的二元構造が採用されています[11]。すなわち，取締役会の監督権限は業務の合目的性を図ることを目的とし，取締役の行為の適法性のほか妥当性にも及び，積極的かつ前向きの監督をするのに対し，監査役は行為の適法性のみを監査し，消極的かつ防止的な監査を担います[12]。

---

9)　最判平 6 年 1 月 20 日民集 48 巻 1 号 1 頁〔百選 63〕。

10)　東京弁護士会会社法部編『新・取締役会ガイドライン〔第 2 版〕』（商事法務，2016）209 頁。

11)　菅原「監査役制度の見直しに関する一考察」豊泉貫太郎編『改正会社法の基本問題』（商事法務，2003）173 頁。

12)　取締役会による監督（法 362 条 2 項 2 号）が妥当性に及ぶ根拠は，①取締役会が決定（同項 1 号）した基本的な枠組に沿って，代表取締役・業務執行取締役が適切・効率的に業務執行を実行しているかを監督するものであり，②監督権限の実効性の制度的裏づけとして，代表取締役・業務執行取締役の解職権が付与されている（同項 3 号・同 363 条 1 項 2 号）ことによる。

③ 取締役会決議と取締役の責任

　取締役が取締役会の承認決議に賛成したからといって，当然にその行為を行ったものとみなされるわけではありません。この点については，利益相反取引および利益供与に関する責任の場合に限り，決議に賛成した取締役の責任が明定されています（法 423 条 3 項 3 号・120 条 4 項，規 21 条）。

　とはいえ，議事録に異議をとどめなかった取締役は，決議に賛成したものと推定されます（法 369 条 5 項）。したがって，ある業務執行につき反対意見を有していても，取締役会で積極的に反対意見を述べ，取締役会議事録に反対していた事実を記載しておかなければ，賛成したものと推定されてしまいます。なぜならば，取締役会決議に賛成したか否かにより，その取締役の任務懈怠の有無に影響を及ぼすことがあり得るからです。ちなみに，責任を負う取締役が複数いる場合には，連帯責任となります（法 430 条）。

　Case でも，取締役 B・C が，当該議案に特段の反対をせず，取締役会議事録に反対していた事実を記載しておかなければ，賛成したものと推定されます。この推定は，反証によって覆すことが可能ですが，ここでは特段の反対をしていないので難しいでしょう。取締役会の承認決議に賛成したことが推定されたからといって，当然に B・C がその行為を行ったものとみなされるわけではありません。しかし，B・C が本件取締役会決議に反対していれば，製品の欠陥による甲社の損害も発生しなかったと考えられる場合には，取締役としての任務懈怠が認定される可能性が高いものと思われます。この場合には，B・C が甲社に対し連帯して損害賠償責任を負うこととなります。

　また，取締役の職務執行に悪意または重過失があり，顧客や取引先などの第三者に損害を与えた場合には，取締役は第三者に対し損害賠償責任を負います（法 429 条）。Case においても，取締役会で明確に反対の意見を表明しないまま，不適切な業務執行が行われた場合であるならば，積極的に反対の意思表示を行っていなかった取締役 B・C が，監視義務違反を理由として，顧客や取引先などに対し損害賠償責任を負うこともあり得ます（第 9 講①(2)）。

　なお，Case のような新規事業には不確定な要因がありますから，必ず成功

して利益をあげるとは限らないし，思惑がはずれて，会社に損害を与えること
もあります。また，高度に技術的な知識を要する経営課題について，専門外・
担当外の取締役に善管注意義務の違反を問い得る場合には自ずと限界もあるで
しょう。したがって，事業上のリスクが問題となる事例では，経営判断原則の
適用の可否も検討する必要があります（**第 10 講**①(2) 2-2)）。

④　取締役会決議を欠く代表取締役の行為

(1)　判例の民法 93 条類推

　判例は，「代表取締役は，株式会社の業務に関し一切の裁判上または裁判外
の行為をする権限を有する点にかんがみれば，代表取締役が，取締役会の決議
を経てすることを要する対外的な個々的取引行為を，右決議を経ないでした場
合でも，右取引行為は，内部的意思決定を欠くに止まるから，原則として有効
であって，ただ，相手方が右決議を経ていないことを知りまたは知り得べかり
しときに限って，無効である」とし，相手が善意・無過失であるときは保護さ
れるとします[13]。

　判決文で明示はされていませんが，この判例の立場は，民法 93 条ただし書
類推適用説と理解されています[14]。

(2)　有力説とその検証

　民法 93 条ただし書類推適用説は，相手方が善意・無過失ならば保護される
と解するのに対して，相手方が悪意・重過失の場合にのみ無効主張できるとす
る説も有力です[15]。この立場は，この問題と代表権に対する制限（法 349 条 5
項）とを同様に解釈しているように思われます。

---

13)　最判昭 40 年 9 月 22 日民集 19 巻 6 号 1656 頁〔百選 64〕。

14)「最高裁判所判例解説民事篇」昭和 40 年度 350 頁によれば，民法 93 条は「意思と表示が不一
　致」の場合であるが，取締役会決議の欠缺は「意思決定の不存在」の場合であるから，民法 93
　条をそのまま適用することはできず，民法 93 条ただし書の法理に準拠する，という。

15)　江頭憲治郎『株式会社法〔第 8 版〕』（有斐閣，2021）446 頁，前田庸『会社法入門〔第 13 版〕』
　（有斐閣，2018）513 頁。

そして，判例と有力説では，相手方が通常の過失である場合に，その結論が異なることになるでしょう。すなわち，相手方が過失の場合，判例では取引行為が無効となり，相手方は保護されませんが，有力説では相手方との取引行為が有効となります。

この点，法362条4項の「重要な」や「多額の」という概念は，ある程度客観化できるものですし，疑念を抱いた相手方取引先が計算書類等の提示を求めれば足りることも考えれば，軽過失の相手方までも保護すべきかは疑問です。また，法349条5項は，会社が任意に代表取締役に加えた制限であり，それについて相手方が善意であるときに対抗できないのは合理的ですが，法362条4項は，代表取締役の独走を防止するという正当な目的・会社利益確保のために設けた法的規制です。かかる法的な規制と任意の制限で保護基準を異にする判例の立場には説得力があると思います。

(3)　改正民法の影響

今般の民法改正に伴い，取締役会決議を経ない取引の効力について，民法93条ただし書の類推適用ではなくて，代理権の濫用を規定した同107条類推と解すべきではないかという新たな問題もあります。

取締役会の決議を欠く代表取締役の行為の事例には，確かに遡及的追認を認める実益があります。この点，改正民法107条は，無権代理の構成を採用したことにより，本人の遡及的追認も肯定されると解釈できますから，取締役会決議を欠く取引行為にも同条の類推適用も考え得るものと思います[16]。

ただし，取締役会決議を経ない取引の場合は，業務執行権限ないし代表権限を濫用した事案ではなく，そもそも民法107条が前提とする利益状況からは離れていますので[17]，意思決定の欠缺が（自然人の）意思不存在に擬せられ，意思と表示の不一致を規律する民法93条を類推適用するという従来の判例の解

---

16) 代表権濫用と民法107条の解釈について，髙田晴仁「会社の代表」法学教室458号28頁。

17) 取締役会決議を経ない取引に対して，代表権濫用の場合には，民法107条の類推適用によって処理されることとなろう。髙橋美加＝笠原武朗＝久保大作＝久保田安彦『会社法〔第3版〕』（弘文堂，2020）180頁。

釈が必ずしも変更されたわけではありません。この点は，今後の学説の集積を
待ちたいとところです。

⑤　取締役会決議の瑕疵

　株主総会では，出席は株主の権利であり，事前に議題をみて出席の可否を判
断します。これに対して，取締役会においては，取締役に出席義務があり，経
営上の決定に即時性が要求されますから，議題も予定にすぎません。このよう
なことから，株主総会（法298条〜）と取締役会（同368条）では，招集手続に
違いがあるのです。

　取締役会の議長の権限については，株主総会の議長の権限（法315条）のよ
うな法的権限はなく，参加者の総意に基づいて運営されます（実務では，取締
役会規則等で定めているのが一般です）。

　一部の取締役に対する招集通知もれは原則無効ですが，次の場合は有効と解
されています。

① 招集通知がもれた当該取締役・監査役が出席し，かつ異議を述べなかった
　　とき

② 招集通知もれがあった取締役が出席してもなお「決議の結果に影響がない
　　と認めるべき特段の事情がある」とき[18]

⑥　取締役会の省略

(1)　決議の省略（書面決議の許容）

　取締役会の会議の目的事項について各取締役（当該事項の議決に加わることの
できる取締役全員）が同意し，かつ，監査役設置会社（業務監査権限を有する監
査役が設置されている会社。法2条9号）の場合には，各監査役が異議を述べる
ことがないときに限り，現に会議を開くことなく，書面または電磁的方法によ

---

18) 最判昭44年12月2日民集23巻12号2396頁〔百選65〕（名目取締役の場合）。

る決議があったものとみなす旨を定款に定めることができます（法 370 条）。この取締役会の決議の省略（すなわち，書面決議の許容）の制度は，特に取締役が全国または海外に常駐しているような大規模な公開会社にとって，利用価値が高いでしょう。決議省略の要件は，①当該議案について取締役全員の同意があり，②監査役設置会社では，各監査役に異議がなく，③このような場合に決議できる旨の定款規定があることです。

　なお，この制度は，取締役会設置会社であれば利用できますから，指名委員会等設置会社や監査等委員会設置会社の取締役会でも同様に適用が認められます。ただし，監査役会設置会社の監査役会，指名委員会等設置会社・監査等委員会設置会社の各委員会については，この制度が認められません。

(2)　報告の省略

　取締役（監査役設置会社では監査役を含む）全員に対し，取締役に報告すべき事項を通知したときは，取締役会の報告も必要ありません（法 372 条）。

　しかし，代表取締役および選定業務執行取締役は，3 か月に 1 回以上，自己の職務執行の状況を取締役会に報告しなければならず（法 363 条 2 項），この職務執行状況の報告については，現実に開催された取締役会で行うことが必要です[19]。したがって，会社としては，最低でも年 4 回の取締役会という会議を開催しなければなりません。

(3)　特別取締役による取締役会の決議

　取締役会の決議要件の特則として，特別取締役による取締役会の決議があります（法 373 条）。

　特別取締役の制度を採用できる会社は，①取締役会設置会社（指名委員会等設置会社を除く）であり，②取締役の数が 6 人以上であって，かつ，③その取締役のうち 1 人以上が社外取締役であることを要します（法 373 条 1 項）。そして，この場合，重要な財産の処分および譲受け（法 362 条 4 項 1 号），多額の借

---

19) 法 372 条 2 項は，同 363 条 2 項の報告に適用されない。また，法 370 条で省略できるのは「決議」である。

財（同項 2 号）の決議については，あらかじめ選定した 3 人以上の取締役（特別取締役）の過半数が出席し，その過半数をもって行うことできます。

　なお，この制度による取締役会の決議には，決議の省略（いわゆる書面決議）は認められません（法 373 条 4 項）。

⑦　特別利害関係を有する取締役

　特別の利害関係を有する取締役は，取締役会の議決に加わることができません（法 369 条 2 項）。特別利害関係とは，特定の取締役が，当該決議について，会社に対する忠実義務を誠実に履行することが定型的に困難と認められる個人的利害関係または会社外の利害関係をいいます[20]。

　代表取締役の解職に関し，判例によれば，対象の取締役は，特別利害関係人に該当するとされています[21]。解職の対象とされた代表取締役は，一切の私心を去って会社に対して忠実に議決権を行使することは困難だからです。また，特別利害関係人である取締役は，法 369 条 2 項によって議決に参加できなくなるわけですから，これにより当該議案については取締役会の構成員から除外されることになります（法 369 条 1 項）。

⑧　企業実務の視点からみた経営会議

　日本の大企業の多くでは，常務会，定例役員会，経営戦略会議などの名称で，法定機関の取締役会とは別な経営会議体が設けられています。構成メンバーは，社長，副社長，専務，常務などのいわゆる常勤取締役や執行役員が通例です。この会議では，取締役会で形式的に決定する事項を実質的に討議することから，日常的経営活動の基本事項に至るまで，経営上の重要な意思決定のほとんどすべてを行っているという現状があります。その一因には，取締役会が月 1 回程度しか開催されず，経営者機能の遂行にとって十分に機能しないことが挙げら

20）落合誠一編『会社法コンメンタール（8）』〔森本滋〕（商事法務，2009）292 頁。
21）最判昭 44 年 3 月 28 日民集 23 巻 3 号 645 頁〔百選 66〕。

れるでしょう。

　こうした経営会議に監査役が出席できるかといった問題はありますが（法383条1項参照），調査権限の一環として出席できるものと解されます（同381条2項）。特に実務的に悩ましいのは，たとえば，経営会議で技術的な検討がなされるような場合，社外監査役に技術的な企業秘密等が漏れる危険があることを理由として，出席を拒むことができるかです。この点は，反対説もありましょうが，適法性の監査権限の観点から，原則的には拒否事由に該当しないと解釈すべきでしょう。

発展課題

☑ 甲株式会社（総資産200億円）の代表取締役Aが，甲社名義で次の各場合の効力はどうなるかを検討してみよう。
　　① Aが，甲社取締役会の決議を経ることなく，乙会社から3億円の土地を購入した場合
　　② Aが，自己の住宅購入資金に充てるため，丙銀行から2億円を借り入れた場合
　　⇒ ①は取締役会決議を経ない重要な財産の譲受け，②は代表取締役の権限濫用の効力を検討（本文②(2)・④(3)）。
☑ 取締役会の機能を充実させるため，現行法上いかなる方策がとられているかを整理してみよう。
　　⇒ 法331条・362条・363条・366条・382条・423条などから整理。

取締役と会社の関係

【Case】

　甲社の取締役会において，乙社と数千万円規模の金銭消費貸借契約を締結する旨の決議がなされ，甲社の代表取締役Ａにより，乙社に対する貸付けが実行された。乙社は，Ａ家の資産を管理するプライベート・カンパニーであり，Ａは同社の取締役も兼務していたが，長引く経済不況の下，巨額の負債を抱えるに至っており，すでに倒産の危機に瀕していた。このため，結局，この貸付金は回収不能となった。

　前記の甲社取締役会決議に参加した取締役の中には，決議に賛成した取締役Ｂ，反対した取締役Ｃおよび棄権した取締役Ｄがいたが，これら取締役は甲社の被った損害について責任を負うのか。

本講のポイント

▶取締役は，その職務執行につき，会社に対して善良な管理者の注意義務を負い，会社のため忠実にその職務を行う義務も負担する。

▶取締役は，他の取締役が法令・定款を遵守し，適法・適正に職務を執行していることについても，監視する義務を負う。

▶取締役は，競業取引について取締役会に重要な事実を開示し，その承認を受けなければならない。

▶取締役が利益相反取引（直接取引・間接取引）をしようとするときは，取締役会の承認を要する。承認手続を経ていない利益相反取引は，原則無効とされる。

▶取締役の報酬の決定は，株主総会の決議事項である。

解　説

1　善管注意義務，忠実義務，監視義務

(1)　善管注意義務と忠実義務

　会社の業務執行の担い手は，指名委員会等設置会社以外ならば取締役であり，

指名委員会等設置会社では執行役です。なぜならば，取締役は，業務執行機関として（法348条）あるいは取締役会の構成員として（同362条）会社の業務執行に携わりますし，指名委員会等設置会社の執行役は，取締役会から委任された業務執行を担うからです（同418条）。

　取締役・執行役と会社とは，任用契約を締結しており[1]，両者は委任関係にあります。このことから，取締役・執行役と会社との関係は委任に関する規定に従います（法330条・402条）。

　ちなみに，委任と代理とは，本来別のものです。委任は必ずしも代理を伴うものではありませんし，また，代理も必ず委任を伴うわけではありません。ただし，実際上，委任業務を執行するための手段として，受任者に代理権を授与する場合が多いといえます。取締役・執行役が会社の業務執行を受任した場合，会社経営に関する対内的な業務執行権限を付与されるのと同時に（法348条1項・362条2項1号2号・363条1項），対外的な代表権が授与されることもあります（同349条1項4項・362条3項）。

　委任に関する規定に従う以上，取締役・執行役は，その職務執行につき，会社に対して善良な管理者の注意義務を負います（善管注意義務。民法644条）。善管注意義務とは，その会社の取締役・執行役として一般的に要求される注意義務のことです。また，取締役・執行役は，会社のため忠実にその職務を行う義務も負担しています（忠実義務。法355条・419条2項）。忠実義務は善管注意義務の内容を会社法的に実現したものであり，両義務の性質は同じものと解釈されています[2]（同質説）。

　これらの義務違反により会社に損害が発生した場合には，取締役・執行役の任務懈怠という債務不履行（一種の契約違反）となりますから，会社に対する損害賠償責任が発生します（法423条1項）。

　以上の考え方に対して，忠実義務（duty of loyalty）は，委任関係とは別個の英米法上の信認（fiduciary）関係から生じたものであり，取締役がその地位を

---

1) ただし，任用契約締結の存在を否定し，株主総会による取締役選任決議は，被選任者の承諾を停止条件とする会社の単独行為であると解釈する有力説もある。
2) 最判昭45年6月24日民集24巻6号625頁〔百選2〕。

利用して会社の利益の犠牲のもとに自己の個人的利益を図ってはならない義務と解する見解もあります（異質説）。しかし，我が国の法制上，委任関係以外の構成を採用できるのかが相当に疑問ですし，また，忠実義務と善管注意義務の適用場面を明確に峻別することには困難が伴うと思います[3]。

(2)　監視義務と内部統制構築義務

　取締役は，他の取締役が法令・定款を遵守し，適法・適正に職務を執行していることについて，監視する義務を負います[4]。この点，判例は「株式会社の取締役会は会社の業務執行につき監査する地位にあるから，取締役会を構成する取締役は，会社に対し，取締役会に上程された事柄についてだけ監視するにとどまらず，代表取締役の業務執行一般につき，これを監視し，必要があれば，取締役会を自ら招集し，あるいは招集することを求め，取締役会を通じて業務執行が適正に行なわれるようにする職務を有するものと解すべきである」と判示しています[5]・[6]。このように考えないと，会社の業務執行監督の実効性が確保できないからです。要するに，取締役は，取締役会の議題として提出された事項をチェックする受動的監視義務のみならず，取締役会に上程されない事項についての能動的監視義務も負っているわけです。取締役の監視義務の内容としては，①会社の業務執行の状況を把握する義務と，②会社の業務執行が違法または不当となる危険性があるときには，これを是正する措置をとる義務を含みます。

---

3)　異質説の多くは，忠実義務違反に対して無過失責任を負担すると主張する。この点，会社法においても，後記③(2)のとおり，忠実義務違反の適用場面とみられる「自己のためにした」利益相反取引の場合には，取締役等の無過失責任を規定している（法428条）。

4)　監視義務に関する近年の重要な裁判例として，最判平18年4月10日民集60巻4号1273頁（蛇の目ミシン事件），大阪高判平18年6月9日資料版商事268号74頁（ダスキン事件）等。

5)　最判昭48年5月22日民集27巻5号655頁〔百選71〕。

6)　しかし，代表取締役の業務全般について，その監督権限を行使することは，事実上不可能である。取締役会の非上程事項については，代表取締役や他の取締役の業務活動の内容を知り，または知ることが可能であるなどの特段の事情があるのに，これを看過したときに限って監視義務違反が認められると解すべきであろう。東京地方裁判所商事研究会『類型別会社訴訟Ⅰ〔第3版〕』（判例タイムズ社，2011）250頁。

取締役会設置会社であれば，代表取締役はもとより，一般の取締役であって
も，取締役会の構成員として，他の取締役が行う行為につき監視義務を負うの
です（法362条2項2号）。他方，取締役会を設置しない会社においても，取締
役の業務執行機関としての地位に由来した善管注意義務の一内容と解釈するこ
とができますから（法348・349条），監視義務を認めるべきでしょう。

　したがって，取締役が監視義務を怠り，代表取締役の違法行為などを放置す
れば，それによって会社に損害が生じた場合に，会社に対する損害賠償責任を
負いますし（法423条），また，場合によっては第三者に対しても損害賠償責
任を負うこともあり得ます（同429条）。

　さらに，公開会社のようにある程度以上の規模の会社においては，取締役は，
業務執行の一環として，会社の損害を防止する内部統制システム（業務の適正
を確保するための体制），要するに事業リスクを管理できる組織体制を構築・整
備する義務が存在します（法348条3項4号・4項，同362条4項6号・5項，規
100条。第14講②③）。ただし，リスク管理体制の構築・整備する義務そのもの
は，善管注意義務の一部として，すべての株式会社の取締役に課されているも
のであり，定款による機関設計の選択に伴い，その義務・責任の在り方が異な
ってくると解すべきでしょう。

② 競業避止義務

(1) 規制の趣旨

　取締役・執行役は，「自己又は第三者のために株式会社の事業の部類に属す
る取引をしようとするとき」（いわゆる競業取引），当該取引につき重要な事実
を開示し，その承認を受けなければなりません（法356条1項1号・419条2項）。
この場合の承認は，取締役会設置会社では取締役会決議であり（法365条1項），
取締役会を置かない会社では株主総会決議によります（同356条1項）。

　取締役・執行役は，善管注意義務と忠実義務を負っている一方で，会社の業
務執行についての強大で広範な権限をもっており，会社の営業機密にも通じて
います。その地位や機密を利用して，会社と同様の事業を営めば，取引先を奪

うなど，会社の利益を犠牲にする危険があります。このような会社の不利益を防止するため，法は，原則として取締役・執行役の競業を禁止したわけです。

　しかし，競業を営む関連会社の代表取締役に就任するなど，むしろ会社の利益のためになされる競業のほうが多いのが現実でしょう。したがって，例外的に許容しなければならない必要性も高いといえます。そこで法は，取締役・執行役の競業を原則禁止としながらも，取締役会（取締役会を設置しない会社にあっては，株主総会）の承認を条件にこれを許容しました。

　事前の承認決議を得ていない競業取引について，会社は，取締役の競業取引により被った損害の賠償を請求することができ（法423条1項），この場合には，その取締役が競業取引により得た利益の額を会社の損害額とみなすことができます（同条2項）。

(2)　名義説と計算説

　法356条1項1号では「自己又は第三者のために」と規定されていますが，その「ために」の意味については，①法的効果が帰属するという意味であるとの見解（名義説）と，②経済的利益の帰属であるという見解（計算説）があります。

　名義説は，経済的利益の帰属の場合には，文理上，「会社の計算において」との表現を用いていることなどを理由とします（法120条1項参照）。これに対して，計算説は，競業取引規制の効果が取締役・第三者の得た利益の額を会社の損害と推定できるところにあるから（法423条2項），実質的利益が誰に帰属するかで判断するべきだと考えます[7]。

(3)　対象となる取引

　競業取引として規制されるのは「取引」です。具体的には，会社が実際に行っている取引と，目的物と市場（地域・流通段階等）が競合する取引をいいます。

　7）学説では，計算説的な考え方をとる見解が多い。ただし，介入権（旧商法264条3項）が廃止された現行法下，この議論の実益はなくなったとする見方もある。菅原『新しい会社法の知識〔全訂版〕』（商事法務，2006）330頁。

会社の不利益防止という趣旨から検討すれば，会社が現に行っていなくても，進出のために準備を進めている事業については規制の対象となります[8]。

競業会社の取締役に就任しているのみでは，取締役会（意思決定機関）の構成員となったにすぎないため，「取引をした」とは評価できません。また，競業会社の代表取締役に就任すること自体も，「取引」に該当しませんが，代表取締役が原則として対外的な業務の執行をすることにかんがみて（法349条4項），実務では，その就任時に包括的な取締役会の承認を得る取扱いが通例です。

(4) 手続

手続としては，①事実開示と承認（法356条1項1号・365条），②事後報告（同365条2項）が要件となります。

事実開示と承認について，重要な事実の開示があったか否かをどうやって決めるのかは問題です。承認の前提となる重要事実の開示は，取締役会（株主総会）が承認すべきかどうかを判断するための資料を提供するために行われます。したがって，重要な事実の開示があったか否かも，この見地から，取引の相手方，取引の種類，目的物の数量・価格，履行期，取引の期間などを総合し，判断のために十分な事実が開示されたかで決することになります。また，承認の手続は，その取引が開始するまでになされる必要があります。

また，競業取引をした取締役は，取引の後遅滞なく，重要な事実を取締役会に報告する義務があります（法365条2項）。この事後報告により，会社は取締役の損害賠償責任を追及するかどうかを判断できるわけです。

③ 利益相反取引

(1) 規制の趣旨

取締役・執行役が「自己又は第三者のために株式会社と取引をしようとするとき」（直接取引），「株式会社が取締役の債務を保証することその他取締役以

---

8) 東京地判昭56年3月26日判時1015号27頁〔百選55〕。

外の者との間において株式会社と当該取締役との利益が相反する取引をしようとするとき」（間接取引）は，取締役会（取締役会を設置しない会社にあっては株主総会）の承認を要します（法 356 条 1 項 2 号 3 号・419 条 2 項）。これが利益相反取引の規制です。直接取引とは，取締役が会社と直接に取引する場合であり，間接取引とは，会社と取締役以外の者との取引であって，行為の定型がその会社の取締役の利害に関わるものです[9]。

　なお，株主が全員同意している場合には，取締役会の承認は不要です（法 424 条参照）。判例も，一人会社の株主である取締役と会社の取引において，取締役会の承認は不要であるとし[10]，さらに，株主全員の同意をもって取締役の承認に代えられるとしています[11]。

　また，利益相反取引において，取締役会の事前の承認があった場合でも，取締役会への事後的な報告はしなければなりません（法 365 条 2 項）。なぜなら，実際に行われた取引が承認された取引の範囲内にあるか否かを明らかにするためには，利益相反取引についての重要事実を取締役会に報告することが必要だからです。ちなみに，取締役会を設置しない会社においては，株主総会に対して適時に報告することを要求していません。これは，株主総会に事後報告義務を認めることが手続上煩雑であり，総会における取締役等の説明義務である程度カバーできると考えられたからでしょう。

　このように，会社と取締役・執行役との間の取引に規制が設けられている趣旨は，会社の不利益防止にあります[12]。取締役・執行役がその地位を利用して，会社と利益が相反するような取引を行えば，会社の利益が犠牲となる危険がありますから，取締役会の承認を必要とする旨を定めて，会社との利害の衝突を予防したのです。

---

9) 最大判昭 43 年 12 月 25 日民集 22 巻 13 号 3511 頁〔百選 58〕。
10) 最判昭 45 年 8 月 20 日民集 24 巻 9 号 1305 頁。
11) 最判昭 49 年 9 月 26 日民集 28 巻 6 号 1306 頁〔百選 56〕。
12) 前掲 11)・最判昭 49 年 9 月 26 日。

(2) 利益相反取引における責任原則

　利益相反取引に関する取締役・執行役の対会社責任は，原則的に過失責任です（法423条1項）。

　ただし，「自己のためにした」直接取引である場合，当該取引をした取締役・執行役は，任務を怠ったことが自己の責めに帰すことができない事由によるものであっても，責任を免れることができません（法428条1項）。この場合には，利益相反取引によって直接自己に利益が帰属することから，その利益相反性が高いと認められ，無過失責任を負うものとされています。また，この場合には，一部免除も認められていません（法428条2項）。

　なお，法356条1項2号にいう「自己のため」とは，経済的利益の帰属（計算）ではなく，名義の意味であって，法的効果（権利義務）が本人に帰属したか否かを実質的に判断することとなります[13]。また，取締役が（自己の名義ではなく）会社の名義で，かつ，自己の計算で，会社と利益相反をした事例を検討する場合には，何の帰属を基準に考えるべきかが問題となります。この場合，経済的利益の帰属を基準とするという計算説的な考え方が有力ですが，名義説の立場から検討することもできなくはありません。

　また，取締役・執行役が自己のために会社と直接に利益相反取引をした場合を除き（法428条2項），取締役・執行役に悪意または重過失がないときには，その責任を一部免除することができます（同425条・426条・427条）。たとえ取締役・執行役が，自らの無過失の立証に成功することができず，その過失が認定されたとしても，これらの責任は一部免除の対象となります。

(3) 取締役会の承認を得た利益相反取引に関する責任

　取締役会の承認の有無にかかわらず，利益相反取引により会社に損害が生じ

---

13) 名義説は，計算を問題とする場合には，それに応じた文理（法120条1項参照）を用いていることから，「ために」を権利義務の帰属と解釈することが，民法99条をはじめとした，私法上の通例であると主張する。なお，これらは，法356条1項2号の「ために」という文言をめぐる解釈論であり，もっぱら直接取引を想定した議論であって，そもそも「ために」という文言のない，同項3号（間接取引）については，名義説・計算説といった議論が活発になされているわけではない。

たときには，任務を怠った取締役は会社に対して損害賠償責任を負うこととなります（法423条1項）。

　また，次の各取締役・執行役については，その任務懈怠が推定されます（法423条3項)[14]。すなわち，

---

① 自己または第三者のために会社と取引した取締役・執行役（直接取引による利益相反取引。法423条3項1号・356条1項2号)，
② 会社が取締役の債務を保証するなど，取締役以外の者との間において会社と当該取締役との利益が相反する取引をした取締役・執行役（間接取引による利益相反取引。法423条3項1号・356条1項3号)，
③ 会社が当該利益相反取引をすることを決定した取締役・執行役（法423条3項2号)，
④ 当該利益相反取引に関する取締役会の承認決議に賛成した取締役（法423条3項3号)，

です。これらの場合は，任務懈怠が推定され，取締役・執行役の側に無過失の立証責任が転換された特別の責任規定を定めたものとなります（証明責任の転換）。

　さらに，取締役会決議に参加した取締役であって議事録に異議をとどめないものは，決議に賛成したものと推定されます（法369条5項）。

　したがって，これらの取締役は，任務懈怠が自らの責めに帰すべきことができない事情によるものであったことを立証しない限り，連帯して発生した損害を賠償しなければなりません（法423条1項・430条）。

　なお，取締役会を設置しない会社では，利益相反取引の承認は株主総会によります（法356条1項）。たとえ株主総会の承認を受けたとしても，その利益相反取引によって会社に損害が発生すれば，原則として取締役等の責任が生じることとなります。

---

[14] 監査等委員会設置会社における利益相反取引の承認に関し，法423条4項。菅原「監査等委員会設置会社─解釈上の論点と実務への影響─」法学研究89巻1号92頁。

(4) 承認手続を経ていない取引の効果

承認手続を経ていない利益相反取引は，民法108条違反となり（法356条2項の反対解釈），一種の無権代理として原則無効と解されます。

ただし，善意の第三者には対抗できません（相対的無効）。取引の安全保護との調和にかんがみると，承認の有無は会社の内部的問題にすぎないからです。この場合の「第三者」とは，直接取引では通常の意味の第三者ですが，間接取引では直接の第三者を意味します。また，第三者の「悪意」は，その取引が利益相反取引であることに加えて，取締役会の承認を受けなかったことを対象とします。なお，この場合，取引の無効は，会社の側からのみ主張できると解されています。

(5) Case の検討

Case では，プライベート・カンパニー救済の目的がうかがえますが，これが甲社の利益確保のために妥当であったなどの特別な事情が立証されない限り，代表取締役 A が「自己のためにした」利益相反取引であると認定される可能性が高く，A は甲社に対して損害賠償責任を負います（法423条3項1号・356条1項2号・428条）。

また，当該利益相反取引を承認した取締役会において，決議に賛成した取締役 B は，その任務を怠ったものと推定されます（法423条3項3号）。したがって，B は，任務懈怠のないことを立証しない限り，甲社に対する責任を負わされることになるでしょう。

これに対して，反対した取締役 C には任務懈怠の推定規定が働かないため，原則として甲社に対して責任を負うことはありません。また，決議に参加しながら棄権した取締役 D は，取締役会議事録に反対していた事実を記載しておかなければ，賛成したものと推定されます（法369条5項）。この推定は，反証によって覆すことが可能ですが，仮に反証に成功しなければ，取締役としての任務懈怠が認定され，甲社に対し損害賠償責任を負うこととなります（法423条）。

4 報酬

　取締役には報酬が支払われます。会社の利潤を極大化し，株主の利益の最大化を実現するためには，取締役の経営努力が不可欠です。取締役がどれだけ努力しても，株主のみが利益の分配に与るというのでは，経営に対するインセンティブは生じにくいでしょう。そこで，取締役の報酬も，個々の役割の大きさと貢献度に応じて決定されることが求められます。

　そもそも報酬とは，職務執行の対価です。したがって，その決定も業務執行と表裏の関係にあるため，取締役（会）が決定してもよいはずです。しかし，これを取締役（会）の権限とするならば，取締役同士の馴れ合いから不当に高額の報酬を決定し，会社に損害を与えてしまうかもしれません（いわゆる「お手盛りの危険」）。そこで，法は，報酬の決定を定款ないし株主総会の決議としています（法361条1項）。この報酬には，不相当に高額な支払がなされる危険性があることから，賞与や退職慰労金も含まれます。ただし，指名委員会等設置会社の場合は，報酬委員会が決定します（法409条）。

　なお，不確定金額を報酬とする場合には具体的な算定方法を，また，高級社宅の割安供与といった金銭以外のものを報酬とする場合にはその具体的な内容を定めることとなっています（法361条1項2号・6号）。

　株主総会で総額ないし上限額のみを決定することも許されます。このような総額方式による決定であっても，会社ひいては株主が損害を被ることがないからです。また，個々の取締役に対する具体的な報酬額を取締役会に一任する旨の株主総会決議も，そこに一定の基準が存在し，その基準がお手盛り防止の趣旨に合致している限り，許されます。この点，監査役会設置会社（公開会社かつ大会社，株式について有価証券報告書の提出義務があるものに限る）と監査等委員会設置会社では，取締役会が報酬等の方針を決定しなければなりません（法361条7項）。

企業実務の視点からみた利益相反取引

　利益相反取引規制の適用対象は複雑かつ難解な部分があり，特に取締役が兼務の場合は悩ましいところです[15]。実務においては，利益相反取引（直接取引）に該当する可能性のある契約を締結するに際して，取締役会の承認を要するかどうかを類型化して対処しているようです。

事例	甲会社	乙会社
①	代表取締役 A, 取締役 B, 取締役 C	代表取締役 A, 取締役 D, 取締役 E
②	取締役 A, 代表取締役 B, 取締役 C	代表取締役 A, 取締役 D, 取締役 E
③	取締役 A, 代表取締役 B, 取締役 C	取締役 A, 代表取締役 D, 取締役 E

　上表の甲会社と乙会社の役員兼務の状況に応じて，次のとおりです。
① 甲社・乙社の取引で，A が両社の代表取締役を兼ねる場合
　取締役が第三者のために会社と取引するときにあたるので，利益相反取引に該当します。ただし，甲社には A のほかにも代表取締役がいて，その代表取締役と乙社代表取締役 A とが契約を結ぶときには，乙社については利益相反取引の承認が不要であり，甲社においてのみ承認が必要となります。甲社からみたとき，甲社代表取締役 A が，甲社の取引の相手方である乙社のために乙社の代表として行為することから，A は第三者のために取引するものとして，乙社の承認が必要となるからです。
② 甲社・乙社の取引で，A が甲社の取締役であり，乙社の代表取締役でもある場合
　甲社からみて，A は，甲社の契約相手である乙社のために乙社の代表として行為することになります。そのため，A は第三者のために取引するものとして，甲社の承認が必要となります。他方，乙社からみると，A は乙社のために乙社を代表して行為することから，利益の相反がなく，その承認は不要です。

---

15) 高橋美加＝笠原武朗＝久保大作＝久保田安彦『会社法〔第 3 版〕』（弘文堂，2020）206 頁参照。

③ 甲社・乙社の取引で，A が両社の代表取締役ではない取締役を兼ねる場合

　この場合，両社にとって，A は代表行為をするものではないため，両社において承認を得る必要はありません。

発展課題

☑ 取締役が在任中に取締役会の承認を得て会社から金銭を借り入れたが，弁済期に返済しないまま退任してしまった場合，会社と株主が講じることのできる措置には何があるか検討してみよう。

　⇒ 法 423 条 3 項を中心に，同 847 条・429 条も整理。

☑ 親会社がその影響力を背景に子会社から不当に廉価で製品を買い入れ，子会社に損害を与えた事例において，利益相反取引が問題となる場合を検討してみよう。

　⇒ 最判昭 45 年 8 月 20 日民集 24 巻 9 号 1305 頁，最判昭 49 年 9 月 26 日民集 28 巻 6 号 1306 頁〔百選 56〕参照。

取締役の会社に対する責任

【Case】
　甲株式会社は，経営危機に陥っている子会社の乙社を再建するために，乙社に対し過去5年間にわたって数千万円を貸し付けてきた。しかし，乙社は製造物責任を問われる事故を起こし，事実上倒産してしまった。なお，甲社は，乙社から担保を取得しておらず，貸付残金の大半が回収不能となっている。甲社の代表取締役Aは，甲社に対して責任を負うのか。

本講のポイント

▶会社法の任務懈怠責任に関する要件は，①任務懈怠，②取締役側の帰責事由，③損害の発生およびその数額，④任務懈怠と損害との因果関係である。

▶任務懈怠には，具体的法令違反と善管注意義務違反という二つの場合があり，それぞれ取締役の会社に対する責任の判断構造は異なる。

▶経営判断の原則が適用されれば，たとえ善管注意義務違反を基礎づけるような事実関係があったとしても，損害賠償請求権の成立が否定される。

▶役員等の会社に対する責任は，原則として総株主の同意がなければ免除することができないが，善意・無重過失の場合には，法の定める最低限度額を超える範囲で責任を免除・軽減することが認められている。

解　説

① 任務懈怠責任

(1) 総説

　役員等（取締役・会計参与・監査役・執行役・会計監査人）の会社に対する責任は，「その任務を怠ったときは」と定め，原則として過失責任としています（法423条1項）。なお，役員等には，取締役のみならず，監査役や会計監査人も含まれることに注意してください。

　会社法の任務懈怠責任に関する要件事実[1]は，①任務懈怠（任用契約の存在

およびその懈怠），②取締役側の帰責事由，③損害の発生およびその数額，④任務懈怠と損害との因果関係です[2]。

(2)　任務懈怠責任の要件事実的な考察

2-1)　任務懈怠（履行の不完全，要件事実①）

　任務懈怠（その任務を怠ったとき）には，①具体的法令違反と，②善管注意義務違反（法330条，民法644条）という二つの場合があり，それぞれ取締役の会社に対する責任の判断構造は異なります。

　取締役等の行為に具体的な法令違反が認められる場合，原告としては，その法令に違反した事実を主張立証すれば足ります。取締役にとって法令遵守は最低限の規範的要求ですから（法355条参照），取締役の行為に具体的法令違反があった場合には，そのこと自体によって，直ちに取締役としての債務の本旨に従わない履行と評価されるからです。この点，取締役の債務について，一般には手段債務（債務者が結果の実現に向けて合理的な注意を払って行動することが債務の内容になっている場合）と解されていますが，具体的法令違反の事例においては，結果債務（債務者が一定の結果を実現することが債務の内容になっている場合）に近い責任構造になるものと考えられます[3]。

　これに対して，具体的法令違反ではなく，善管注意義務違反が問題とされる場合には，取締役の債務の手段債務性から，原告が取締役等の任務懈怠行為を主張立証しなければなりません。この場合の任務懈怠行為とは，「善管注意義務を尽くして職務を執行しなかったこと」です。善管注意義務の内容は，会社の規模・業種・業態・経営環境などの客観的な条件によって左右されますから，原告（会社側）としては，取締役がいかなる注意を尽くすべきであったかについて，任用契約ないし委任契約の内容などにより，これを確定しなければなり

---

1) 要件事実とは，一定の法律効果が発生するために必要な具体的事実のことである。民事訴訟において，各当事者は，自分に有利な法律効果が認められるためには，その要件事実を主張・立証しなければならない。

2) 菅原「任務懈怠責任の法的性質と構造」山本爲三郎編『新会社法の基本問題』（慶應義塾大学出版会，2006）177頁。

3) 結果債務と手段債務の意義について，森田宏樹『契約責任の帰責構造』（有斐閣，2002）1頁。

ません。

2-2) 経営判断の原則

　取締役の善管注意義務違反を吟味するに際しては，いわゆる経営判断の原則の適用の可否が問題とされる例も少なくありません。米国の判例法では，「取締役が誠実に，かつ権限と裁量の範囲内で経営判断を下したのであれば，その判断について責任を負わない」とされています。これが経営判断の原則（business judgment rule）です。我が国の判例でも，この原則と類似の考え方で，取締役の責任の有無を判断したものが少なくありません[4]。最高裁は「事業再編計画の策定は，完全子会社とすることのメリットの評価を含め，将来予測にわたる経営上の専門知識にゆだねられている」とし，株式取得の方法や価格についても「取締役において，株式の評価額のほか，取得の必要性，参加人（著者注：親会社の意味）の財産上の負担，株式の取得を円滑に進める必要性の程度等をも総合考慮して決定することができ，その決定の過程，内容に著しく不合理な点がない限り，取締役としての善管注意義務に違反するものではない」と判示しています[5]。

　会社の経営には常にリスクがつきものです。取締役・執行役が経営判断を行うとしても，必ず成功して利益をあげるとは限らないし，思惑がはずれて，会社に損害を与えることもあります。そういった場合に，当然に善管注意義務の違反があったとして，取締役等の責任が発生するというのでは，酷な結果にもなりかねません。そもそも取締役は，会社から経営を委任されているわけですから，業務執行について相当に広い裁量の幅が認められています。したがって，この裁量の範囲内においては，取締役・執行役の経営判断は尊重されるべきなのです。

2-3) 経営判断の原則と要件事実

　経営判断の原則をして，帰責事由（過失）の阻却事由と理解する所説もあります。しかし，要件事実としては，経営判断の原則について，過失という要件

---

4) 福岡高判昭 55 年 10 月 8 日高民集 33 巻 4 号 341 頁，東京地判平 5 年 9 月 16 日判時 1469 号 25 頁，東京高判平 7 年 9 月 26 日判タ 890 号 45 頁，最判平 20 年 1 月 28 日判時 1997 号 143 頁等。

5) 最判平 22 年 7 月 15 日判時 2091 号 90 頁〔百選 50〕。

事実のレベルで論じるのは妥当ではありません。経営判断の原則が妥当したからといって，取締役の主観的な注意義務が引き下げられるものではありませんし，そもそも経営判断の原則で論じられる経営裁量権の範囲とは，取締役が負う手段債務の内容そのものだからです。

　確かに実態面からみれば，一般的な任務懈怠責任（すなわち，善管注意義務違反）を問題とする場合，履行不完全と過失の評価根拠事実を峻別することはできず，この点に関して主張・立証される事実の大半は重なります。善管注意義務の有無を判断する場面では，過失の評価根拠事実と債務不履行の事実とが重なり合っているからです。

　したがって，経営判断の原則は，過失の阻却事由ではなく，任務懈怠という請求原因事実に対する被告側の抗弁に位置づけられるべきものです。ただし，業種・業態，企業規模の大小により，その経営判断の合理性が認められる経営裁量権の範囲も大きく異なりますから，画一的に律せられるものではありません。

　なお，経営判断の原則は，善管注意義務違反の場合にその適用が検討されますが，いわゆる具体的法令違反の事例にも適用があるかどうかは問題です。思うに，具体的法令に違反する行為の大半は，経営に関する裁量の範囲内にあると評価されることはありませんから，経営判断の原則は，具体的法令違反の事例には適用がないと考えるべきでしょう。

2-4)　帰責事由（要件事実②）

　債務不履行の要件事実としては，客観的要件である任務懈怠（履行の不完全）とは別に，帰責事由（すなわち，行為者である取締役側の故意・過失）を検討しなければなりません[6]。法423条の性質は債務不履行責任ですから，被告が帰責事由（故意・過失）の不存在を抗弁として主張・立証することになります。

　具体的法令違反の場合は，原告が，その法令に違反した事実を主張・立証す

---

6) 過失・無過失とは，実体としての「事実」ではなく，規範的な「評価」に関する抽象的な概念である。したがって，訴訟において当事者は，過失を直接証明するわけではなく，過失という評価を根拠づける事実（評価根拠事実）を積み上げ，これを証明する。菅原「証券訴訟における過失立証」慶應法学43号199頁。

れば，任務懈怠（履行の不完全）の要件事実の主張・立証としては足りること
となります。これに対して，被告は，その任務懈怠が，自己の責に帰すべき事
由に基づかないことを主張・立証しなければなりません[7]。すなわち，被告取
締役の側は，帰責事由の不存在につき，抗弁としての主張・立証責任を負うの
です。より正確には，過失という規範的評価の成立を妨げる具体的な事実（過
失の評価障害事実）を主張・立証する必要があります[8]。

　他方，善管注意義務違反の場合には，原告が取締役の任務懈怠行為を具体的
に主張・立証しなければなりません。そこでは，債務不履行の事実と過失の評
価根拠事実とが重なり合うこととなります。なぜなら，この場合の過失とは，
損害発生を予見・防止すべき具体的な行為義務違反（客観的過失）であり，債
務不履行の事実と帰責事由（過失の存在）との証明命題が「善管注意義務を尽
くして職務を執行しなかったこと」という点で一致するからです[9]。

2-5) 損害・因果関係（要件事実③④）

　損害額は，原告が主張立証責任を負います[10]。なお，損益相殺については，
取締役側が主張立証しなければなりません。

　また，因果関係については，原告側に履行の不完全の主張と損害の発生の主
張がある以上，黙示的に主張されていると考えてよいでしょう。ただし，株主
代表訴訟では，因果関係の存在の立証が難しい点に留意する必要があります。

② Case の考え方

　子会社の救済目的で親会社が融資する場合には，それが経営判断の裁量の範
囲内にとどまっていれば，直ちに会社に対する責任は生じません。しかし，漫
然と乙社に対する貸付けを拡大した代表取締役 A の行為は，責任を問われる

---

7) 最判昭 34 年 9 月 17 日民集 13 巻 11 号 1412 頁参照。

8) 最判昭 51 年 3 月 23 日金判 503 号 14 頁。

9) 原告の請求に対して，被告取締役の側には，過失の評価障害事実の主張・立証する余地は残さ
れているものの，原告が善管注意義務違反の主張・立証に成功した後，これを覆す具体的事実を
摘示することは，実務上相当に困難であるといわなければならない。

10) 最判昭 28 年 11 月 20 日民集 7 巻 11 号 1229 頁参照。

可能性があります。

　親子会社の場合，双方の会社の利害が一致する場合は多いでしょうし，また，親会社甲から子会社乙への融資によって，乙社が救済されるということもあるでしょう。しかし，親会社が子会社に融資をし，それが結局返済されなければ，親会社に融資相当額の損失が発生するのであって，親会社の株主としては，直ちにこれを認めるわけにはいきません。

　Aの経営判断に合理性があるか否かを検討する際は，①この融資が，甲社にとって，経営上の負担とならない限度の金銭的支援であったのか，また，②乙社の倒産によって，本当に甲社の財務状況や対外的信用が損なわれることがあるのか，を吟味しなければなりません。こうした事実が認められれば，経営判断の原則により，Aによるこの融資も，一応の合理性があると認められる可能性があります。

　しかし，Caseでは，乙社から担保を取得していない点で，取締役の任務懈怠があると認められ，その判断には合理性が認めにくいでしょう。

　また，融資決定について，仮に経営判断の合理性が認められたとしても，乙社の営業基盤が危うい状態になり倒産に至ることが十分予見可能な状況となった以降も，Aは5年間にわたり担保を取得することもせず漫然と乙社に対する貸付けを拡大しています。この行為は，取締役の善管注意義務・忠実義務違反に該当するものと考えられます。

③　役員等の責任の免除・軽減

　役員等の会社に対する責任は，原則として総株主の同意がなければ免除することができません（法424条・120条5項・462条3項）。ただし，一般的な任務懈怠責任（法423条1項。したがって，利益供与の場合は除く）であって，「職務を行うにつき善意でかつ重大な過失がないとき」には，次の三つの方法により，法の定める最低限度額を超える範囲で責任を免除・軽減することが認められています。

　三つの方法とは，①株主総会の特別決議による責任の事後的な一部免除（法

425条），②定款の定め（「取締役会決議により責任を軽減することができる」旨の規定）に基づく取締役会決議による方法（同426条。ただし，監査役設置会社・監査等委員会設置会社・指名委員会等設置会社に限る），③非業務執行取締役・監査役・会計監査人・会計参与と会社間で定款の定めに基づく事前免責契約（責任限定契約）を締結する方法（同427条）です。

これらの責任免除は，在職中に職務執行の対価（報酬等）として受ける財産上の利益の年額に対し，①代表取締役・代表執行役は6年分，②取締役・執行役は4年分，③社外取締役・監査役・会計監査人・会計参与は2年分，の金額を控除した額の限度で免除できます（法425条1項1号）。

④　利益供与に関する責任

株主の権利行使に関し，財産上の利益を供与した場合，当該利益供与に関与した取締役・執行役は，会社に対し，連帯して利益の価額を支払う義務を負います（法120条4項）。ただし，利益供与の関与について，その利益供与を実行した取締役を除き，「注意を怠らなかったことを証明した場合は」この限りでありません（法120条4項ただし書。過失推定責任）。また，当該利益供与に関する取締役会決議に賛成した取締役についても，弁済責任を負います（規21条）。

実務的にみれば，利益供与に関与した取締役・執行役が自己の無過失を立証することは相当に困難でしょう。なお，利益供与に関する責任については，一部免除の対象となっていません（法425条・426条・427条参照）。利益供与の行為は，会社に対する損害のみならず，反社会性が認められるからです。

⑤　剰余金配当に関する責任

(1)　違法な剰余金配当に関する責任

会社法では，株主に対する金銭等の分配および自己株式の有償取得を「剰余金の配当」として整理し，統一的な財源規制をかけています（法462条1項）。

①剰余金の分配可能額（法461条2項）を超える違法な配当議案を株主総会に提案した取締役（同462条1項6号イ），②同じく違法な配当議案を取締役会に提案した取締役（同号ロ）は，会社に対し，連帯して，違法に配当された金銭の総額を支払う義務を負います。ただし，これらの取締役が，その職務を行うについて注意を怠らなかったことを証明したときは，その弁済責任を負いません（法462条2項）。したがって，違法配当の責任も過失責任化が図られていますが，その立証責任が転換されているため，取締役が自己の無過失を立証しない限り，弁済責任を負うことになります。

なお，これら議案提案取締役は，「法務省令で定めるものをいう」と規定されており（法462条1項1号），当該配当議案を株主総会に提案することに同意した取締役および取締役会決議で賛成した取締役もこれに含まれます（計規159条）。

ちなみに，自己株式の有償取得も「剰余金の配当」として統一的な財源規制が課されていることから，これに違反して自己株式の取得が行われた場合も，違法配当と同様の責任が生じます（法462条1項1〜5号）。

(2)　違法配当責任の減免

違法配当に関する弁済責任は，任務懈怠責任ではなく，債権者保護のための特別な資本充実責任ですから，一部免除の対象となりません（法462条3項本文）。ただし，総株主の同意により，分配可能額を限度として，その義務を免除することは可能です（法462条3項ただし書）。

要するに，分配可能額を超えて配当された額については，たとえ総株主の同意があっても免除することができないのです。

(3)　欠損が生じた場合の責任

会社法では，「剰余金の配当」として統一的な財源規制をかけていますが，これにより欠損が生じた場合には，当該行為に関する職務を行った取締役・執行役が期末の塡補責任を負います（法465条）。この期末の塡補責任の欠損判定時期は，計算書類の確定時であり，自己株式取得によって発生する責任につ

いては，会社から流出した財産の取得価額を弁済すべきものとしています（法465条1項）。ただし，次の各行為については責任が課されません。

---
① 定時株主総会の決議に基づく剰余金の配当（法465条1項10号イ）
② 資本金・準備金の減少を決議する株主総会において剰余金の配当をする場合に，その配当額が資本金・準備金の減少額以下であるとき（同号ロ・ハ）

このうち①は，株主総会の承認決議があった場合には，事後な塡補責任を課さない趣旨であり，また，②の場合は，配当額が減少額以下のときには，会社に事実上の損害が発生していないためです。

⑥ 企業実務の視点からみた経営判断原則

経営判断の原則が適用されれば，たとえ善管注意義務違反を基礎づけるような事実関係があったとしても，損害賠償請求権の成立が否定されます。要するに，経営判断の原則と善管注意違反は，いわば表裏の関係にあるわけです。

実務的に重要なのは，裁判所がどのように経営判断原則の適用の可否を判断しているかです。数多くの裁判例を分析したところ，①必要な情報に基づいて経営判断がなされていたか（情報の篩<ruby>・<rt>ふるい</rt></ruby>意思決定過程），②その判断が合理的なものであったのか（合理性の篩・意思決定内容）という，2段階で判断されていることがうかがえます[11]。

まずは，経営判断に際して，必要な情報を収集していたのか否かです。そもそも情報に基づかない判断では，「任務を怠った」という評価が下されてしまいます。次に，その情報に基づく判断に合理性が認められるかです。この点，合理的かどうかについては，実業経験に基づく高度に経済的な判断という面がありますから，司法判断の場では，その判断に合理性があったか否かというよりも，それが不合理なものでなかったかどうかが問われているように思います。

---

11) 東京弁護士会会社法部「経営判断の原則（BJR）―数多の分析手法とその些やかな実践 I・II（改5）」法律実務研究13号251頁〔山森一郎〕。

したがって，経営者としての法的義務・責任を果たすためには，何よりも情報に基づく経営判断を励行することが求められるのです。

　リスク軽減のためには，意思決定の当時，合理的な方法で情報収集・調査検討を行ったことを立証できる資料が重要となります。そのため，取締役会議事録，取締役会や経営会議で用いた会議資料，またその前提としての調査資料を準備しておくべきでしょう。

発展課題

☑ 具体的にどのような場合，「その任務を怠ったとき」と評価されるのかを検討してみよう。

　⇒ 最判平 12 年 7 月 7 日民集 54 巻 6 号 1767 頁〔百選 49〕，善管注意義務違反事例などを整理。

取締役の第三者に対する責任

【Case】
　甲社の代表取締役Aが，独断で，明らかに過大な設備投資を行ったことにより，甲社は倒産するに至った。その結果，乙社は，甲社に対する売掛金債権を取り立てることができなくなった。Aは，甲社が倒産した当時に代表取締役を退任しており，すでに取締役ではない。乙社は，Aに対して損害賠償を請求できるのか。

本講のポイント

▶取締役は，その職務執行の過程で，悪意または重大な過失によって第三者に損害を与えた場合，その第三者に対して賠償する義務を負う。

▶対第三者責任の要件は，①任務懈怠，②悪意または重大な過失，③第三者の損害，④任務懈怠と損害の間の相当因果関係である。

▶計算書類等に記載すべき重要事項に虚偽記載した場合や虚偽登記・虚偽公告の場合には，取締役等の側が自らに過失のなかったことを証明できない限り，責任を負う。

▶第三者の範囲をめぐって，「第三者」に株主が含まれるかという議論はあるが，直接損害について，株主が第三者に含まれることを否定する見解はない。

▶取締役が第三者に負うべき損害の範囲については，①直接損害と間接損害の双方を含むとするのが通説である。

▶判例によれば，監視義務に違反した取締役にも，悪意・重過失による任務懈怠が認められている。

解　説

1　法の趣旨

(1)　法定責任説

　役員等（取締役・会計参与・監査役・執行役・会計監査人）は，その職務執行の過程で，悪意または重大な過失によって第三者に損害を与えた場合，その第三者に対して個人で賠償する義務を負います（法429条1項）。

　取締役等がその任務に違反した場合，本来は会社に対する関係で損害賠償責任を負うにすぎないはずです（法 423 条）。この点，法 423 条の責任のほかに，429 条 1 項の損害賠償責任を認める意義については，次のように説明されています。すなわち，法 429 条では，総株主の同意があっても責任が免除されませんし（法 424 条参照），423 条の会社に対する損害賠償額は，任務懈怠による会社財産の減少額であるのに対して，429 条 1 項の賠償額は，第三者の回収不能債権額全額となる場合が通例だからです。

　では，その法的性質をどのように考えるべきでしょうか。判例は，株式会社が現代社会に重要な役割を果たしその業務執行が取締役に依存していることから，第三者を特に保護するために，法が取締役等に特別の責任を認めたものと解します[1]。これが法定責任説です。

　したがって，この責任は，一般不法行為責任（民法 709 条）と競合します。法定責任説は，後記 (2) の不法行為特則説に対しては，業務の複雑性は会社に対する責任を軽減する理由になっても，第三者に対する責任を軽減する理由にはならないと考えています。

　法定責任説に立った場合，民法 709 条との関係ですが，不法行為は第三者に対する加害についての故意・過失を要件とするのに対し，法 429 条の責任は会社に対する任務懈怠についての悪意・重過失を要件とします。したがって，仮に法 429 条の責任が免責されたとしても，別に不法行為が成立する限り，取締役は責任を負うこととなります[2]。

　なお，なぜ会社法では取締役の対第三者責任が問題とされるのかについて，株式会社の基本構造にさかのぼり，株主有限責任原則（法 104 条）や所有と経営の分離（同 331 条 2 項）との関係も考慮しながら，十分に理解を深めておかなければなりません。この点については，**第 2 講 6** を確認してください。また，このことから，法 429 条が，債権回収方法のひとつとして，法人格否認制度と同様に機能してきた現実もみえてきます。

1）最大判昭 44 年 11 月 26 日民集 23 巻 11 号 2150 頁〔百選 70〕。
2）東京地方裁判所商事研究会『類型別会社訴訟Ⅰ〔第 3 版〕』（判例タイムズ社，2011）334・344 頁。

(2) 一般不法行為責任特則説

不法行為特則説は，業務の複雑性から民法 709 条の特則として取締役の不法行為責任を悪意・重過失に限定する見解です。すなわち，取締役は会社の雑多な事務を迅速に処理しなければなりませんから，過失によって第三者に損害を与える機会が多いとして，取締役の責任を軽減する考え方です。

この立場では，第三者に対する加害が存することが必要であり，損害の範囲も直接損害に限られ，不法行為責任との請求権競合を認めません。

② 要件と適用範囲

(1) 要件事実

法定責任説に立脚すれば，対第三者責任の要件としては，①任務懈怠（その職務を行うについて），②悪意または重大な過失，③第三者の損害，④任務懈怠と損害の間の相当因果関係を挙げることができます（法 429 条 1 項）。要するに，法 423 条 1 項と同 429 条 1 項の要件事実的な構造は，①損害の発生場所が会社か第三者か，②帰責性が過失か重過失か，という 2 点を除けば，同様です。

なお，計算書類等に記載すべき重要事項に虚偽記載した場合や虚偽登記・虚偽公告の場合には，取締役等の側が自らに過失のなかったことを証明できない限り，責任を負うこととなります（法 429 条 2 項）[3]。

(2) 第三者の範囲

第三者の範囲をめぐっては，「第三者」に株主が含まれるかという議論があります。直接損害について，株主が第三者に含まれることを否定する見解はありません。問題は，株主が間接損害との関係で第三者に含まれるか，です。

この点については，①株主は間接損害との関係で第三者に含まれない（直接損害に限って株主も第三者に含まれる）とする否定説[4]と，②直接損害および間接損害ともに株主は第三者に含まれるとする肯定説とが対立します。

---

3) 参考裁判例として，東京地判平 17 年 6 月 27 日判時 1923 号 139 頁。
4) 東京地判平 8 年 6 月 20 日判時 1578 号 131 頁。

　株主は間接損害との関係で第三者に含まれないとする否定説では，間接損害
の場合，会社が取締役から賠償を受けるならば，株主の損害も塡補されるし，
しかも，取締役の責任追及には代表訴訟が認められているから，独立の請求権
は不要だと考えます5)。なお，この立場では，「株主にとっての直接損害」を
観念しますが，株式申込証の虚偽記載を信頼して株式を引き受けたことによっ
て受けた損害など，その実例は決して多くないように思えます。

　これに対して，直接損害・間接損害とも株主は第三者に含まれるとする肯定
説は，代表訴訟では，原告適格や担保提供義務などにより，現実の訴訟提起が
難しいことなどを理由としています。

(3)　損害の範囲

　取締役が第三者に負うべき損害の範囲については，①直接損害と間接損害の
双方を含むとする説（通説），②直接損害に限定する説，③間接損害に限定す
る説があります。

　損害の範囲につき，直接損害と間接損害の双方を含むとする通説（①）は，
第三者保護のためには適用範囲を広くすべきであるし，また，直接損害・間接
損害の区別も必ずしも明確でないと考えます。したがって，詐欺商法を行って
いた場合のように直接第三者に損害を与えた場合だけでなく，取締役の任務懈
怠行為により会社が損害を被り，その結果として第三者に損害が生じた場合に
も，取締役は第三者に損害賠償責任を負うことになります。たとえば，取締役
が融通手形を乱発したり，投機的取引に失敗したりした結果，会社を倒産させ
第三者が損害を被ったような場合です。

　これに対して，直接損害に限定する②説は，間接損害は株主に代表訴訟，債
権者には民法 423 条の代位権があり，会社の取締役に対する損害賠償請求権を

---

5)　この立場を採用した場合には，現実に代表訴訟を提起できるものかという疑問が生じ得る。実
　務で法 429 条を用いるのは，会社が倒産状態にある際の債権回収の事例が多いからである。した
　がって，破産会社に代表訴訟を提起できるのかを検討しなければならない。この点，破産会社に
　対する代表訴訟の提起を禁止する明文規定はないが，過去には訴訟提起を否定する裁判例もあり，
　かかる取扱いが実務的に定着した観もある。その意味からは，①説の妥当性に問題がないわけで
　はない。

行使して，会社資産の充実を図れば足りるし，株主・債権者に直接自己に対する損害賠償を認めれば，かえって会社の資産充実を害すると主張します。また，間接損害に限定する③説は，直接損害は民法709条で処理すればよいと考えます。

(4) 責任を負う取締役

　判例によれば，監視義務に違反した取締役にも（監視義務については，**第9講** **1** (2)），悪意・重過失による任務懈怠が認められています[6]。取締役は，会社に対し善管注意義務と忠実義務を負うとともに，取締役会の構成員として，ほかの取締役の法令・定款の遵守や適法・適正な職務執行について監視する義務を負うからです。この場合，取締役会の議題として提出された事項をチェックするのみならず，取締役会に上程されない事項についての監視義務も負っています。

　また，取締役は，従業員が違法な職務執行をしないよう監視する義務を負いますから（規100条1項4号参照），この監視義務に違反した場合にも，悪意・重過失による任務懈怠が認められることがあります。たとえば，代表取締役が他者に業務の一切を任せきり，その者の不法行為を看過していたような場合です。

　さらに，名目的取締役（取締役として株主総会で選任され，就任してはいるものの，取締役として活動していない者），登記簿上の取締役（法律上は取締役ではないにもかかわらず，取締役として登記されている者）[7]，辞任登記未了の辞任した取締役[8]，事実上の取締役（取締役としての選任手続は経ていないにもかかわらず，

---

6) 最判昭48年5月22日民集27巻5号655頁〔百選71〕。
7) 最判昭47年6月15日民集26巻5号984頁は，登記簿上の取締役が就任登記について承諾していると，故意に不実の登記の出現に加功したとして，法908条2項が類推適用され，自己が取締役でないことを善意の第三者に対抗できなくなるため，同429条1項の責任に問われるとする。
8) 最判昭62年4月16日判時1248号127頁〔百選72〕は，辞任登記を申請せず，取締役としての登記を残存させることに明示的な承諾を与えていたなどの特段の事情がある場合に限って，法908条2項の類推適用を認める。
9) 東京地判平2年9月3日判時1376号110頁。

事実上，会社経営に強い影響力をもっている者) 9) について，法 429 条 1 項の責任を負わせるかも問題となります。

　たとえ会社経営に関与していない名目的取締役であっても，監視義務違反を理由として，第三者に責任を負うことがあり得るというのが最高裁の見解です 10)。たとえば，名目的取締役が会社の株式を保有している，支配者と身分関係がある，代表取締役に事実上の影響力をもっている，代表取締役の不正な業務執行を知りながら（あるいは当然に知り得たのに）放置したといった事情がある場合には，名目的取締役の第三者に対する損害賠償責任が肯定される可能性が高くなるでしょう。他方，下級審裁判例では，その責任の肯定に消極的な傾向がみられます 11)。

③　Case の考え方

(1)　対第三者責任と「経営判断の原則」

　取締役の職務執行の過程で，悪意または重大な過失によって第三者に損害を与えた場合，その第三者に対して個人で賠償しなければなりません（法 429 条）。

　ちなみに，代表取締役は，その職務執行につき，会社に対して善良な管理者の注意義務（善管注意義務）を負っています。しかし，会社の経営には常にリスクがつきものであり，また，取締役には業務執行について相当に広い裁量の幅が認められています。したがって，この裁量の範囲内においては，たとえ対第三者責任の事例でも，取締役の経営判断は尊重されるべきです（経営判断の原則。**第 10 講**①(2)）。

---

10)　最判昭 55 年 3 月 18 日判時 971 号 101 頁。

11)　監視義務違反を否定した裁判例には，重過失がないと判断したものとして，東京高判昭 56 年 9 月 28 日判時 1021 号 131 頁，仙台高判昭 63 年 5 月 26 日判時 1286 号 143 頁（実質上代表取締役の個人営業と同視すべき会社において，形だけの取締役となった代表取締役の妻に対し，取締役の職責を尽くすように求めるのは困難であるとした事例），相当因果関係がないと判断したものとして，東京地判平 8 年 6 月 19 日判タ 942 号 227 頁（経営手腕も経理の知識もなく，代表取締役から頼まれ恩義の念から名目的取締役に就任した従業員につき，代表取締役の行為を阻止することは著しく困難であったとされた事例）がある。

(2) Case における退任取締役の個人としての責任

　Case の A の場合は，独断で明らかに過大な設備投資を行ったことが甲社倒産の原因となっていることから，その経営判断には合理性が認め難く，重過失による任務懈怠があったと解されるでしょう。

　取締役などが第三者に負うべき損害には，直接損害と間接損害の双方が含まれます（前記2 (3)）。したがって，Case のように，設備投資の失敗という任務懈怠行為により会社が倒産し，その結果として第三者に損害が生じた場合にも，取締役は第三者に対して損害賠償責任を負うことになるわけです（法429条）。

　また，この取締役の第三者に対する損害賠償責任は，取締役個人が第三者に損害を発生させた場合に生じるものですから，損害発生後に取締役を退任していたとしても，依然として責任を負います。したがって，A は，退任時期に関係なく，消滅時効が完成するまでは，乙社の被った損害額を賠償しなければなりません（民法 166 条）。

4　企業実務の視点からみた法 429 条

　法 429 条の条文には「役員等」と書いてありますが，端的には会社経営者ないし取締役と読みかえて構いません。要するに，経営者がその職務を執行するについて，悪意または重大な過失があった場合には，第三者に生じた損害を賠償しなければいけないという規定です。

　たとえば，仕入れか何かで，取引先と売買契約を結びます。契約当事者はあくまで会社であって，取締役個人ではありません。取締役は，株主総会で選任されますが，会社から「あなたに経営を任せたよ」と頼まれているわけで，会社と委任という種類の契約を締結しています。しかし，取引先と別に契約しているわけではなく，取引先はあくまで会社と契約をしているわけです。したがって，たとえ売掛金が焦げ付きそうだからといっても，本来ならば，取締役がこれを支払う謂れはないわけです。

　しかし，経営者は，会社で大きな力をもち，実際に会社を差配する立場にい

ますので，「その職務を行うについて悪意又は重大な過失があった」場合に限り，直接取引先から請求を受ける可能性があります。要するに，これは一種の「飛び道具」です。ちなみに，「悪意又は重大な過失」の「悪意」とは，特定の事実を知っているということであり（法律では，知が悪意，不知を善意といいます），故意と同じ意味だと考えてください。また，「重大な過失」とは，「普通そんなミスはしないだろう」と思われるような過失をいいます。「わざとやったのと変わらないじゃないか」というくらいのミスが「重大な過失」です。

　以上にかんがみますと，現実の裁判では，法429条の要件事実を立証して，経営者の責任を追及するのは大変に難しいのです。では，これを実務では使わないかというと，そういうわけでもありません。たとえば，顧問先の会社から「取引先に商品を納品したけれども，代金1億円を払ってくれない。何とかしてほしい」と，弁護士のところに依頼がきたとします。相手の会社が死に体の場合には，経営者を捕まえて払えと言うしかありません。非常に難しい仕事ですが，裁判所に対して，何とか「その職務を行うについて悪意又は重大な過失があった」という主張・立証ができないものかを検討するわけです。

　攻める（請求する）側としては，悪意・重過失の立証そのものが難しいでしょう。しかも，その悪意・重過失が「その職務を行うについて」あったことも立証しなければなりません。しかし，相手会社の経営者としての職務についてですから，所詮は相手側の事柄であり，請求するほうには判然としないのが通例です。詰め将棋でたとえるならば，駒が一つか二つ足りない状況で，裁判に突っ込んでいくようなものです。

　それでもなお，実務的には法429条で攻める意味があります。倒産しそうな会社からは，1億円どころか，1円も回収できません。経営者に請求して揺さぶることにより，たとえ2,000万円でも3,000万円でも個人から回収したほうが得策です。このように，法429条に関する民事裁判の実務では，その攻防の過程から，和解による解決が選択されることも少なくないのです。

発展課題

☑ 甲株式会社は，代表取締役 A の無軌道な放漫経営が原因で倒産した。甲社には，A のほか，名目的取締役 B，選任決議を欠く登記簿上の取締役 C，辞任したが退任登記が未了の元取締役 D がいる。甲社の株主は，A〜D にいかなる責任を問うことができるか検討してみよう。

　⇒ 本文② (4) より整理。

☑ 取締役の対第三者責任に関し，任務懈怠と重過失の立証の難しさを実務的に検討してみよう。

　⇒ 本文④参照。

代表訴訟・差止請求

【Case】
　株式会社の代表取締役の職務執行の適正を確保するため，会社法が定める各制度の関係について検討せよ。

本講のポイント

- ▶株主には，株主総会の議決権に加えて，事後的な救済策しての株主代表訴訟，事前の措置である差止請求，検査役選任の申立権などが保障されている。
- ▶株主代表訴訟とは，会社が取締役の責任を追及する訴えの提起を怠っているときに，株主が会社に代わって取締役等の責任を追及する訴えを提起できる制度である。
- ▶6か月前から引き続き会社の株式を有する株主が，会社に対して，会社が取締役等に責任追及等の訴えを提起するように請求し，会社が請求後60日以内に訴えを提起しない場合には，株主自らが会社に代わって取締役等に対し訴えを提起できる。
- ▶株主が提訴請求したにもかかわらず，会社が請求後60日以内に訴えを提起しない場合，遅滞なく不提訴理由を通知しなければならない。
- ▶代表訴訟の濫訴の危険に対抗する手段には，被告取締役が原告株主の悪意を疎明して，原告に担保を提供させる制度がある。

解　説

1　株主の経営に対する監督

　株主は出資者ですから，会社に対し出資額に相当する割合の持分的な権利を有しているはずです。すなわち，株主は会社の実質的所有者にほかなりません。

　しかし，株式会社においては，合理的効率的な企業経営を実現するために，原則として所有と経営が分離しています（法331条2項本文参照）。その結果，株主は，会社の実質的所有者でありながら，会社経営から制度的に疎外されてしまっています。とはいえ，株主としては，会社の経営にある程度は口出しも

したいし，経営に対する監督権限も行使したいでしょう。そこで，株主には，株主総会の議決権（法105条1項3号・308条1項）と，会社経営に対する各種の監督是正権の行使を保障すべきこととなります。

　株主の監督是正権には，事後的な救済策しての株主代表訴訟（法847条。後記②），事前の措置である差止請求（同360条。後記③），検査役選任の申立権（同358条。後記④）などがあります。

② 責任追及等の訴え

(1)　代表訴訟手続の概要

　株式会社が取締役・執行役の責任を追及する訴えの提起を怠っているときには，株主が会社に代わって取締役等の責任を追及する訴えを提起することができます。これが株主代表訴訟の制度です。この点，会社法では，取締役等の責任に関する規定について，その実体法部分と手続法部分を区分して規定した結果，代表訴訟も「株式会社における責任追及等の訴え」として7編2章2節に定められています（法847条）。

　本来，取締役の会社に対する責任については，その会社自らが追及すべきです。しかし，取締役同士で責任追及するとなれば，情実に左右されて不問に付される可能性がないわけではありません。そこで，会社の利益を守るため，株主が会社に代わって取締役個人の責任を追及することを認めたものです。裁判例によれば，この場合の「取締役の責任」には，取締役が会社に対して負担する一切の債務が含まれます[1]。したがって，取締役が会社との取引に基づいて負う責任や不法行為責任等も追及の対象となるわけです。

　責任追及等の訴えの手続は次のとおりです。すなわち，6か月（これを下回る期間を定款で定めた場合には，その期間）前から引き続き会社の株式を有する株主（ただし，公開会社以外の会社では，この6か月要件はない）が，会社に対して，書面その他法務省令に定める方法により（規217条），会社が取締役等に

1）大阪高判昭54年10月30日高民集32巻2号214頁。

責任追及等の訴えを提起するように請求します（法847条1項）[2]。会社が請求後60日以内に訴えを提起しない場合には，株主自らが会社に代わって取締役等に対し訴えを提起できることとなります（法847条3項）。

　会社は，監査役全員の同意があれば，代表訴訟に参加し，被告取締役を補助することもできます（法849条）。

　なお，法847条3項が「会社のために」と規定しているのは，この訴えによる法律効果が会社に及ぶことを示したものであり，民事訴訟法上の法定訴訟担当と解釈されますから，既判力は会社にも及びます（民事訴訟法115条1項1号）。

(2)　訴えを提起するための要件

　責任追及等の訴えを提起するための要件としては，次の諸点に留意すべきです。

　第一に，訴えの対象となるのは，

① 発起人・設立時取締役・設立時監査役・役員等（取締役・会計参与・監査役・執行役・会計監査人）・清算人の責任追及，

② 違法な利益供与がなされた場合の利益供与を受けた者からの利益の返還（法120条3項参照）

③ 不公正価額での株式・新株予約権引受けの場合の出資者からの差額支払い（法212条1項・285条1項参照）

の各場合です（法847条1項本文）。このように，取締役・執行役・監査役のほかにも，発起人，設立時取締役，設立時監査役，会計参与，会計監査人，清算人が対象として明示されています。

　第二に，原告適格ですが，原告となり得るのは6か月（これを下回る期間を

---

2) 法務省令で定める方法とは，①被告となるべき者，②請求の趣旨及び請求を特定するのに必要な事実である（規217条）。しかし，株主にとって，この時点で具体的な損害の額を特定することは通常困難であろう。現実に「請求の趣旨」および「請求を特定するのに必要な事実」をどこまで記載できるかは，実務的な課題である。私見ではあるが，そもそも「書面その他法務省令に定める方法」という法律の文理にもかかわらず，その法務省令をもって「請求の趣旨」や「請求を特定するのに必要な事実」といった記載を強制するような定めをすることが果たして許容されるのかに関しては，疑問の余地なしとしない。

定款で定めた場合には，その期間）前から引き続き会社の株式を有する株主です（法847条1項本文）。ただし，公開会社以外の会社では，この6か月要件はなく，すべての株主が責任追及の訴えを請求することができます（法847条2項）。また，単位未満株式の株主については，定款で権利行使できないと定めることもできます（法189条2項・847条1項本文）。

第三に，訴え提起の手続ですが，原則として，まず会社に対して訴えの提起するように請求し（法847条1項・規217条），会社が請求後60日以内に訴えを提起しない場合に，はじめて株主自らが訴えを提起できます（法847条3項）。ただし，会社に回復することができない損害が生じるおそれがある場合には，直ちに訴えを提起することが認められています（法847条5項）。たとえば，取締役が財産を隠匿したり，債権が消滅時効にかかったりする場合には，「会社に回復することができない損害が生ずるおそれ」が認められるでしょう。

第四に，株主は，責任追及等の訴えを提起したとき，遅滞なく，会社に対し，訴訟告知をしなければなりません（法847条4項）。これは，会社に当該訴訟に参加する機会を与えるためです。一方，会社が責任追及等の訴えを提起したときは，株主に参加の機会を与えるため，遅滞なく，訴えを提起した旨を公告し，または株主に通知しなければならず（公開会社以外の会社では，公告による方法を利用できず，通知によることとなる），これは会社が訴訟告知を受けたときも同様です（法847条4項）。

第五に，責任追及等の訴えの管轄は，会社の本店所在地を管轄する地方裁判所に専属します（法848条）。

(3) 濫訴への対抗手段

3-1) 担保提供制度

代表訴訟制度については，従前より，経済界を中心に，いわゆる濫訴の危険を指摘する声も多いところです。この濫訴の危険に対抗する手段には，被告取締役が原告株主の「悪意」を疎明して，原告に担保を提供させる制度があります（法847条の4第2項・3項）。

原告株主が代表訴訟を手段として不法・不当な利益を得ようとする場合に

「悪意」が認定されるとしても，その具体的な内容について法定されているわけではありません[3]。この点に関する見解は分かれますが，不当な目的による場合（不当目的）[4]のみならず，原告が被告に対する損害賠償に理由がないことを知って訴えを提起した場合（不当訴訟）にも，「悪意」は認められると解すべきでしょう。

担保提供を申し立てたとき，被告は担保が提供されるまで応訴を拒むことができます（民事訴訟法75条4項・81条）。被告が悪意の疎明に成功すれば，裁判所は相当の担保を立てるべきことを命じます。具体的には，金銭または相当と認められる有価証券を地裁管轄区域内の供託所に供託し（民事訴訟法76条・81条），もし期間内に供託されない場合には，口頭弁論を経ることなく訴えが却下されることとなります（同78条・81条）。

3-2)　提訴禁止事由

法は，濫訴防止のために，代表訴訟を提起し得ない場合を法定しています（法847条1項ただし書）[5]。これら提訴禁止事由に該当する代表訴訟は，訴訟要件を欠くものとして却下されることとなります（当該事由が抗弁事実ではないことに注意しましょう）。

提訴禁止事由とは，「当該株主若しくは第三者が不正な利益を図り又は当該会社に損害を加えることを目的とする場合」です（法847条1項ただし書）。なお，この提訴禁止事由の主張・立証の責任は，会社側が負担することに注意しなければなりません。

(4)　株主に対する不提訴理由の通知

株主が提訴請求したにもかかわらず，会社が請求の日から60日以内に訴えを提起しない場合，当該株主または取締役等から請求を受けたときは，遅滞な

---

3)　法847条の4第3項の「悪意」とは，①請求自体が失当，②請求原因の立証不可能，③抗弁事実の立証可能，の各場合と分析できる。下級審裁判例として，東京地決平6年7月22日判時1504号121頁，名古屋高決平7年3月8日判時1531号134頁，大阪高決平9年11月18日判時1628号133頁等。

4)　東京高決平7年2月20日判タ895号252頁〔百選68〕参照。

5)　長崎地判平3年2月19日判時1393号138頁参照。

く，責任追及等の訴えをしない理由を書面で通知しなければなりません（法847条4項）。これが不提訴理由書による株主への通知義務です。株主が取締役の責任を追及した場合のみならず，執行役，監査役，会計監査人，会計参与等に責任追及の訴えを請求する場合にも，同様に不提訴理由の通知が義務づけられます。

　この不提訴理由の通知義務は，会社が訴えの請求を安易に不問に付すことを許さない趣旨です。そこで，不提訴を決めた会社側としては，不提訴の理由をどの程度記載すべきなのかを十分に検討しなければなりません。なぜなら，説得力に乏しい不提訴理由書の記載では，株主が代表訴訟提起に踏み切ることを促進するでしょうし，その反面，詳細な理由を記載すれば，経営上の秘密情報が外部に漏えいする危険もあるからです。

　また，前記(3)3-2)のとおり，提訴禁止事由（法847条1項ただし書）は，会社側が主張・立証しなければなりません。この点，不提訴理由書が，代表訴訟の当事者の手を通じて裁判所に提出され，その記載内容に合理性が認められる場合には，原告株主による訴訟提起に際して，裁判所が提訴禁止事由を認定することが期待できます。

　不提訴理由書の作成は，当該訴えにおいて会社を代表する監査役・監査等委員・監査委員が行うこととなります（法386条2項・399条の7・408条3項）。仮に裁判所に提出された不提訴理由書の内容が，監査役等のずさんな調査を示すものであれば，裁判所に対して，監視体制の不十分な会社であるとの印象を与え，被告である取締役等にとっては，不利な心証形成に働く可能性があります。したがって，いかに説得力ある理由を不提訴理由書に記載できるかが，実務的には重要な課題となるでしょう。

(5)　株式交換・株式移転・合併による原告適格喪失の是正

　代表訴訟を提起した株主またはそれに共同訴訟参加した株主が，責任追及等の訴えの訴訟係属中に，株式交換・株式移転・合併により，原告が株主でなくなったとしても，次の各場合には，引き続き訴訟追行することができるとしています。

> ① その者が，当該株式会社の株式交換または株式移転により，当該株式会社の完全親会社の株式を取得したとき（法851条1項1号）。
> ② その者が，当該株式会社が消滅会社となる合併により，新設会社，存続会社またはその完全親会社の株式を取得するとき（同項2号）。

　すなわち，原告株主が，ⅰ）株式交換・株式移転・合併を原因として株式を失い，ⅱ）完全親会社または合併による新設会社・存続会社の株主となることを要件として，原告適格の継続が認められるのです。

　なお，法851条1項1号の「当該株式会社」には，当該完全親会社を含み，同項に定める原告適格の継続は，株主が当該株式会社の完全親会社の株式の株主でなくなった場合にも準用されます（同条2項）。また，法851条1項2号の「当該株式会社」には，合併による新設会社，存続会社またはその完全親会社を含み，原告適格の継続規定は，株主が合併による新設会社または存続会社の株式の株主でなくなった場合にも準用されます（同条3項）。したがって，原告株主が，訴訟提起当初の株式会社の完全親会社または合併による新設会社・存続会社の株主である限り，株式交換・株式移転・合併が何度繰り返されようとも，原告適格を喪失することはありません。

　また，株式交換・株式移転等の効力発生日前から完全子会社となるべき会社の役員等に任務懈怠の原因が生じていた場合には，提訴請求時にすでに完全親会社の株主となっていた旧株主（適格旧株主）も，完全子会社の役員等の責任を追及できます（法847条の2）。

　ところで，合併・会社分割・株式交換・株式移転の各場合に，存続会社等の会社の株式を交付せずに，金銭その他の財産を交付することを認めています（法749条1項等）。このように，組織再編における対価の柔軟化が図られていますから，消滅会社等の会社の株主に金銭のみを交付する交付金合併（cash-out merger）も可能です。

　そこで，訴訟係属中の株式交換・株式移転・合併によって，完全親会社等の株式ではない対価（たとえば，現金）のみの交付を受けた者は，原告適格を喪失するか否かが問題となります。この点，条文上は「株式を取得したとき」と

明記しており，完全親会社等の株式ではない対価のみの交付を受けた場合には原告適格を喪失します。完全親会社等の株式ではない対価とした以上，もはや完全親会社ないし存続会社の株主ではなくなっており，その者には訴訟担当としての資格を認める基礎が認められないからです。

(6) 和解による終了

株主代表訴訟においては，裁判の続行によって企業イメージが低下したり，営業秘密が外部に漏えいしたりするおそれがあるなど，和解による終結のほうが得策と考えられる場合も少なくありません。この点，代表訴訟において和解する場合，和解による取締役の免責が可能です（法849条の2・850条4項・120条5項）。

令和元年改正法により，会社が，その取締役・執行役・清算人（過去にそうであった者を含む）の責任を追及する訴訟で和解するには，監査役（監査等委員・監査委員）全員の同意を得なければなりません（法849条の2）。

(7) 多重代表訴訟

子会社の役員に対する親会社の株主による代表訴訟制度があり，これを一般には多重代表訴訟と呼称します（最終完全親会社等の株主による特定責任追及の訴え。法847条の3）。

原告は，親会社（正確には「最終完全親会社等」。子会社の株式全部を直接的または完全子会社等を介して間接的に保有している最上位の株式会社のこと）の発行済株式の1%以上を6か月以上継続して保有している株主です。

また，訴訟の対象は，親会社が100%株式を出資し，かつその子会社が親会社の総資産の5分の1以上を占める子会社です。要するに，親会社の総資産の20%以上を占める簿価になっている子会社の役員等に対象を限定しているということです。

提訴から60日以内に子会社が役員に対して特定責任追及の訴えを起こさない場合，その請求をした親会社の株主は，子会社の本店所在地を管轄する地方裁判所に自ら訴訟を持ち込むことができます。ただし，子会社に損害が生じて

いても，親会社に損害が生じていない場合には提訴請求できません。

③　差止請求権

　取締役・執行役が法令・定款違反行為をした場合には，会社に対する損害賠償責任を負いますが，これは事後的な措置です。しかし，このような違法行為は行われる前に防止できることが望ましいでしょう。そこで，法は，株主が取締役等の行為を事前に差し止める制度を設けています（法360条）。また，この差止請求権は，監査役・監査等委員・監査委員にも行使が認められています（法385条・399条の6・407条）。

　取締役・執行役が「会社の目的の範囲外の行為」その他法令・定款違反の行為をし，またはこれらの行為をするおそれがある場合で，その行為によって会社に「著しい損害」（監査役設置会社・監査等委員会設置会社・指名委員会等設置会社では「回復することができない損害」に限定される）が生じるおそれがある場合には，6か月前（定款で短縮することができる。非公開会社には6か月要件はない）から引き続き株式を有する株主は，その取締役・執行役に対して，その行為の差止めを請求することができます（法360条1項・2項，422条1項・2項）。ただし，定款で単元未満株主は権利行使できないと定めることも可能です（法189条2項）。

　なお，この「会社の目的の範囲外の行為」とは，事前差止めのため，取引の安全を害するおそれもないことから，客観的には目的の範囲内でも，取締役が主観的に個人的利益のために濫用すればその対象となります。

④　検査役選任の申立権

　会社の業務執行に関し，不正行為や法令・定款違反の重大事実があることを疑うに足りる事由があるときには，一定の要件を満たした株主が，会社の業務・財産の状況を調査させるために，裁判所に検査役の選任を申し立てることができます（法33・207・284・306条）。

検査役とは，必要な場合に裁判所または株主総会において選任される，臨時的な機関です。人数や資格に制限はありませんが，その職務の性質上，取締役・執行役・監査役・支配人・使用人が検査役になることはできません。裁判所によって選任される場合には，弁護士資格を有する者が選ばれるのが一般的です。

　なお，株主総会検査役に関しては，株主のみならず，会社の側にも選任請求権が認められています（法306条1項）。

⑤　企業実務の視点からみた役員賠償責任

　令和元年改正により，会社補償契約と役員等賠償責任保険（Directors and Officers Liability Insurance，以下，D&O保険）の制度が創設されました。

　補償契約とは，役員がその職務の執行に関して発生した費用や第三者に生じた損害を賠償することにより生じる損失の全部または一部を会社が負担することを役員と約する契約です。会社補償契約の範囲は，①役員が，その職務の執行に関し，法令の規定に違反したことが疑われ，または責任の追及に係る請求を受けたことに対処するために支出する費用（弁護士費用・調査費用など，いわゆる防衛費用），②役員がその職務の執行に関し，第三者に生じた損害を賠償する責任を負う場合における損害賠償金・和解金です（法430条の2。善意・無重過失の場合のみ補償）。なお，対会社責任は補償の範囲に含まれない点に留意が必要です。補償契約内容につき，取締役会（取締役会非設置会社は株主総会）での決議とともに，取締役会設置会社の取締役は実施後の報告も必要となります（法430条の2第1項・4項）。

　D&O保険とは，会社が役員を被保険者として保険者と締結する保険のことであり，「株式会社が，保険者との間で締結する保険契約のうち役員等がその職務の執行に関し責任を負うこと，又は当該責任の追及に係る請求を受けることによって生ずることのある損害を保険者が塡補することを約するものであって，役員等を被保険者とするもの」と定義されています（法430条の3第1項）。従前D&O保険契約の締結について取締役会決議を経ていなかった会社でも，

補償契約と同様に，取締役会での決議が必要となります。

発展課題

☑ 株主代表訴訟の意義・対象・手続を整理してみよう。

　⇒ 本文 ② (1) (2) 参照。

☑ 経営陣のコンプライアンス問題への対応と訴訟リスクについて検討してみよう。

　⇒ 最近の事例として，電力会社の役員らが地元自治体の関係者から金品を受領した事例など。

【Case】
　甲株式会社取締役会において，同社所有不動産の売却が付議された際，監査役Xが「売却代金が安すぎるのではないか」と発言したところ，議長の代表取締役社長Yが「ビジネスのことに口出ししないでほしい」とその発言を制止し，議事を進行した。これに法的な問題はあるか。

本講のポイント

▶監査役とは，取締役の職務執行を監査する権限をもつ機関であり，原則として業務監査権限と会計監査権限を有する。
▶監査役が複数いる場合であっても，各自が独立して監査権限を行使する。
▶通説によれば，監査役の業務監査権限は，適法性監査の範囲に限られ，妥当性監査に及ばない。
▶監査役は，取締役会に出席する義務を負い，必要があると認めるときは，意見を述べなければならない。
▶監査役を置かない会社や，監査役の権限を会計監査に限定した会社では，株主の監督是正権が強化されている。

解　説

1 監査総説

　株式会社において，株主は株主総会を組織し，その総会を通じて取締役を選び，経営の専門家である彼らに会社の経営を任せます。この「所有と経営の分離」のもと，株主は会社経営から制度的に疎外されることとなります。

　また，会社経営の執行部は，合理的な企業経営の実現を志向します。簡単にいえば，経営者は日ごろから「商売のやりやすさ」を追求しているのです。しかし，ときにはそれが行き過ぎとなってしまう場合もあります。また，もとも

と経営者というものは，他から企業経営に口出しされるのを好みません。その意味で，経営陣が誤った判断をする危険は常にあるといわなければなりません。

　特に会社の代表取締役は，その権限の広範さ・強大さから，事実上の最高権力者として会社経営に君臨しています。それだけに不適法な，あるいは著しく妥当性を欠くような権限行使がなされる危険も大きいといえるでしょう。

　このため，経営者を監視し，適正な経営を実現する手段として，法は，取締役会，監査役ないし監査役会，会計監査人などの制度を用意しています。そこで，本講では，以下に監査役による監査について検討し，いわゆる内部統制システムについては，**第 14 講**で解説します。

② 監査役

(1)　監査役の意義

　監査役とは，取締役の職務執行を監査する権限をもつ機関であり（法381条），原則として業務監査権限と会計監査権限を有しています[1]。

　前記①のとおり，そもそも会社経営の執行部は，合理的な企業経営の実現を志向します。しかし，ときにはそれが行き過ぎとなるなど，経営陣が誤った判断をする危険は常にあるといわなければなりません。このような事態を防止し，適正な経営を実現するために，取締役会設置会社における監督機関の取締役会に加えて（法362条2項2号），監査役を設置し，株式会社組織の内部から業務執行を監督・監査させようとしているのです[2]。

　監査役は，取締役と同様の資格制限があるほか（法335条1項），会社・子会社の取締役・支配人その他の使用人，または子会社の会計参与・執行役を兼務することができません（同条2項）[3]。顧問弁護士が監査役の兼任することを肯定する説は，弁護士の職務に公正性・独立性があり，使用人（業務執行機関の

---

1) 監査役をめぐる諸課題につき，菅原「監査役制度の見直しに関する一考察」豊泉貫太郎編『改正会社法の基本問題』（商事法務，2003）173頁。

2) 旧商法の下では，指名委員会等設置会社を除いて，監査役が株式会社の必要的常設機関とされていた。

指揮命令のもとに継続的に会社業務に関与する者）のような継続的従属性がない
ことを理由とします[4]。

　なお，取締役から監査役になること（横すべり監査役）自体は法律上禁止さ
れていませんし（法335条2項），監査役の任期と監査対象期間の完全な一致も
要求されません。また，監査役の選任は株主総会の判断に委ねられています
（法329条1項）。これらのことから，横すべり監査役は違法とはいえないとさ
れています[5]。

(2)　監査役の設置が必要な場合

　会社法は，次のとおり，監査役を設置しない株式会社の存在を認めています
（法327条）。

---

① 委員会設置会社以外の取締役会設置会社は，公開会社でない会計参与設置会
社を除き，監査役を置かなければならない（法327条2項），
② 委員会設置会社以外の会計監査人設置会社は，監査役を置かなければならな
い（同条3項），
③ 監査等委員会設置会社・指名委員会等設置会社は，監査役を置いてはならな
い（同条4項），
④ 大会社は，公開会社でないものおよび委員会設置会社を除き，監査役会を置
かなければならない（法328条1項），

　したがって，取締役会を設置しない会社では，監査役を置かないという選択
肢があります。

　取締役会設置会社においては，監査役・監査役会・監査等委員会・監査委員

---

　3) 取締役との兼任禁止の趣旨は，自己監査となり公正な監査を期待し得ない点にある。これに対
　　して，使用人との兼職禁止の趣旨は，取締役に対する独立性確保（従属性の排除），すなわち，
　　取締役の指揮命令下で会社のために労務を提供している者が監査役として取締役の職務の執行を
　　監査してもそのような監査には実効性を期待できないという点にある。
　4) 大阪高判昭61年10月24日金法1158号33頁，最判平元年9月19日判時1354号149頁。弁
　　護士資格を有する監査役が特定の訴訟事件について会社から委任を受けた訴訟代理人となること
　　を適法とした判例として，最判昭61年2月18日民集40巻1号32頁〔百選74〕。
　5) 東京高判昭61年6月26日判時1200号154頁参照。

会といった監査機関の設置が求められています。これは，取締役会設置会社の場合，取締役会を設置しない会社と比べて，株主総会の権限が縮小されていることから（法295条2項），総会による経営の監督が機能しにくく，何らかの監査機関を設置すべきものと考えられたからです。

　監査役の任期は，法定任期が4年，非公開会社では定款でこれを10年まで伸張することができます（法336条）。なお，監査役についても，取締役と同様，何らかの事情による欠員に備えて，補欠監査役を選任することが容認されています（法329条3項）。

(3) 監査役の活動範囲

　監査等委員会設置会社・指名委員会等設置会社以外の取締役会を設置しない会社は，会計監査人を置かなければ，監査役を設置しなくても構いません。また，取締役会設置会社であっても，公開会社でも大会社でもなければ，会計参与を設置することにより，監査役を置く必要がなくなります。

　取締役会設置会社を選択しない多くの中小企業は，コストをかけてまで会計監査人を置くことをしないのが一般でしょう（同様に監査等委員会設置会社・指名委員会等設置会社の選択も想定しにくい）。この場合には，監査役についても，法的な設置が義務づけられません。

　しかし，後記 (8)・(9) のとおり，監査役を設置しない（あるいは，その権限を会計監査に限定した）場合には，株主の監督是正権が強化されます。このことは，取締役にとって，自らの裁量に基づく機動的な経営がやりにくくなる面が事実上ありますから，会社の機関設計に際しては，こうした点にも十分な検討が必要となってきます。

(4) 監査役の権限

　監査役は，原則として，会社の規模の大小を問わず，業務監査権限と会計監査権限の双方を有しています（法381条1項）。また，監査役が複数いる場合であっても，各自が独立して監査権限を行使することとなっています（独任制）。

　ただし，監査役会設置会社および会計監査人設置会社を除く公開会社ではな

い会社（すなわち，大会社以外の非公開会社）では，定款で監査役の権限を会計監査に限定することができます（法389条1項。後記(8)）。なお，監査役を置く株式会社を「監査役設置会社」と称してますが（法2条9号），監査役の権限を会計監査権限に限定した会社は，この監査役設置会社の概念に含まれていません（同号括弧書）。そして，この場合，監査役に業務監査権限が認められない代わりに，株主による監督是正権が強化されます。

監査権限の範囲について，監査役の業務監査権限は，適法性監査のみならず妥当性監査にも及ぶかという議論があります。業務執行についての決定権も責任もない監査役が妥当性について干渉するのは，会社経営合理化のために法が予定した権限分配の原則に反するため，監査権限は適法性監査に限られ，妥当性監査に及ばないというのが多数説的な見解です[6]。もっとも業務執行が著しく不当な場合には，善管注意義務（法330条，民法644条）違反を生じ，法令違反となりますから，それは適法性監査の対象となり，現実には，監査権限が妥当性監査まで及ぶこととほとんど変わりはありません。

そして，監査役の独任制の根拠も，業務執行に関する妥当性の判断と異なり，違法・適法に関する判断については，監査役の多数決で決着をつけるべき問題ではないからだと説明されています[7]。

(5) 監査報告と調査権

監査役は，監査に基づいて，法務省令で定める内容の監査報告を作成します（法381条1項，規105条，計規122条・127条）。

このため，監査役には，いつでも取締役・会計参与・支配人その他の使用人に対して，事業の報告を求め，自ら会社の業務および財産の調査をする権限が

---

6) この点を詳しく検討するならば，①取締役会と対立した監査役が究極的にとり得る手段は，訴訟（法385条1項・386条1項等），監査報告への記載（同381条1項・390条2項1号）であるところ，訴訟では適法・違法の判断しかされず，また，妥当・不当の問題は営業秘密に関わる微妙な事項が多いから，監査報告のような開示書類の記載に適さないし，②業務執行についての決定権も責任もない監査役が妥当性について干渉するのは，会社経営合理化のために法が予定した権限分配の原則に反するからである。

7) 江頭憲治郎『株式会社法〔第8版〕』（有斐閣，2021）555頁。

あります（法381条2項）。また、その業務を行うため必要があるときには、子会社に対しても事業の報告を求め、業務・財産の状況を調査することができますが、その子会社は、正当な理由がある場合、報告または調査を拒むことができます（法381条3項・4項）。

(6)　監査役の義務

　監査役は、その職務を行うに際して取締役の職務執行に関し不正の行為または法令・定款に違反する事実・著しく不当な事実を発見したときは、遅滞なく、これを取締役（取締役会設置会社では取締役会）に報告しなければなりません（法382条）。

　また、監査役は、取締役会に出席する義務を負い、必要があると認めるときは、意見を述べなければなりません（法383条1項本文）[8]。なお、必要があると認めるときは、招集権者に対して取締役会の招集を求め、招集されないときは自ら招集することができます（法383条2項・3項）。

　監査役は、取締役が株主総会に提出しようとする議案・書類その他法務省令で定めるもの（規106条）を調査する義務を負い、法令・定款違反または著しく不当な事項があると認めるときは、その調査の結果を株主総会に報告する義務を負います（法384条）。

(7)　差止請求・会社代表

　監査役は、取締役が会社の目的の範囲外の行為その他法令・定款違反の行為をし、またはこれらの行為をするおそれがあると認められ、その行為によって会社に著しい損害が生じるおそれがあるときは、その取締役に対し、その行為の差止めを請求することかできます（法385条1項）。この場合、裁判所が仮処分を命じるときでも、担保を立てる必要はありません（法385条2項）。

　監査役は、①取締役・会社間の訴訟（法386条1項）、②取締役の責任を追及

8）ただし、特別取締役による取締役会（法373条1項）には全員出席する必要はなく、互選より出席する監査役を定めてもよい（同383条1項ただし書）。

する訴え提起の請求を受ける場合（同386条2項1号），③株主代表訴訟の訴訟告知および和解に関する通知・催告を受ける場合（同項2号）の各場合には，会社を代表します9)。

(8)　監査役不設置・会計監査権限限定の場合の株主の監督是正権の強化

　取締役会を設置しない会社（指名委員会等設置会社・監査等委員会設置会社以外。非公開会社に限る）では，監査役を置かないという選択肢があり（法327条2項参照），非公開会社（監査役会設置会社および会計監査人設置会社を除く）では，定款で監査役の権限を会計監査に限定することができます（同389条1項）。

　監査役を置かない会社や，監査役の権限を会計監査に限定した会社では，取締役から独立した立場で業務監査を行う者がいないため，株主には，次のとおり，その監督是正権が強化されています。

---

① 裁判所の許可を得ずに，取締役会の議事録が閲覧できる（法371条3項）。
② 取締役が，会社の目的の範囲内にない行為その他法令もしくは定款に違反する行為を行い，または行うおそれがある場合には，取締役会の招集を請求でき（法367条1項），一定の場合には自ら取締役会を招集することができる（同条3項・366条3項）。
③ 株主は，自己の請求または招集により開催された取締役会に出席し，意見を述べることができる（法367条4項）。
④ 取締役は，会社に著しい損害を及ぼすおそれがある事実を発見した場合には，株主にこれを報告する必要がある（法357条）。
⑤ 株主による取締役の違法行為差止請求権の行使要件も，「回復することができない損害が生ずるおそれ」から「著しい損害が生ずるおそれ」がある場合に緩和されている（法360条1項・3項）。
⑥ 定款に基づく取締役の過半数の同意（取締役会設置会社では，取締役会の決議）による取締役等の責任の一部免除制度は適用されない（法426条1項）。

---

9) 監査役が複数いる場合，会社を代表する監査役はだれかという問題があるが，監査役の独任制からは，各自会社を代表する権限を有するものと解釈すべきである。上柳克郎ほか編集代表『新版注釈会社法 (6)』〔鴻常夫〕（有斐閣，1987）475頁。

(9)　監査権限の限定の可否

　大会社以外の非公開会社の監査役の権限は，定款で会計監査に限定すること
ができます（法 389 条 1 項）。この場合，監査の範囲が会計に関するものに限ら
れていますから，業務監査権限をも有する場合と比較すれば，当該監査役に対
する責任追及の可能性も相対的に低くなるものと考えられます。

　たとえば，典型的な同族経営の中小企業では，代表者の配偶者のような近親
者を監査役に選任し，これに報酬を支払うという例がみられます。このような
場合には，監査役の権限を会計監査に限定するよう定款変更を行い，近親者に
対する損害賠償請求を及びにくくしておくといった対応も想定されるでしょう。

　ただし，監査役の権限を会計監査に限定した場合には，前記 (8) のとおり，
株主の権限が強化されます（法 371 条 2 項・3 項等）。したがって，たとえ中小
企業であっても，経営陣に敵対的な株主が存在している会社では，監査権限の
限定には注意が必要です。また，取締役にとっては，自らの裁量に基づく機動
的経営がやりにくくなる可能性もあります。したがって，監査役設置の可否，
あるいは監査権限の限定の可否については，これらの諸点を十分に検討してか
ら決定すべきです。

③　監査役会

　取締役会設置会社であれば，監査等委員会設置会社・指名委員会等設置会社
を選択しない限り，たとえ大会社でなくとも，あるいは公開会社でなくとも，
監査役会を任意に設置することが可能です（法 326 条 2 項）。

　監査役会を置く場合（監査役会設置会社。法 2 条 10 号）には，監査役の員数
は 3 人以上で，そのうち半数以上は社外監査役でなければならず（同 335 条 3
項）[10]，また，1 人以上の常勤監査役の選定を要します（同 390 条 2 項 2 号・3
項）。したがって，中小規模の非公開会社では，社外監査役を半数以上要求さ

10）社外監査役の要件について，菅原「社外取締役および社外監査役の要件」上田純子 = 菅原貴与
　　志 = 松嶋隆弘編著『改正会社法 解説と実務への影響』（三協法規出版，2015）132 頁。なお，社
　　外監査役は登記事項となっている（法 911 条 3 項 18 号）。

れる監査役会を設置するようなニーズはあまりないものと思われます。

　常勤監査役とは，ほかに常勤の仕事がなく，会社の営業時間中，原則として
その会社の監査役の職務に専念する者ですから，常勤監査役を2社以上兼任す
ることはできません。なお，社外性の要件（法2条16号・335条3項）と常勤
の概念とは，別の問題ですから，常勤の社外監査役もあり得ます。

　監査役会は，すべての監査役で組織し，①監査報告書の作成（規105条，計
規123条・128条），②常勤監査役の選定・解職，③監査方針や監査役の職務執
行に関する事項の決定を行います（法390条1項・2項）。

　監査役会の監査役間で，各監査役の職務分担を定めることができるかという
論点があります。監査役会における職務分担の利点は，調査の重複などを避け
た組織的・効率的な監査が可能となることです。この点，監査役会の決議によ
り，「監査役の職務の執行に関する事項」を決定できますから（法390条2項3
号），各監査役の職務の分担を定めることは可能です。しかし，各監査役の権
限の行使を妨げることができませんので（法390条2項ただし書），職務分担を
定める法的意義は，各監査役が，自己の分担外の事項について職務執行上の注
意義務が軽減される点にあります[11]。

　なお，監査役選任の議案に関する同意権・提案権は，監査役会設置会社では
監査役会の権限になっています（法343条3項）。この点，監査役会を置かない
会社においても，監査役選任議案に監査役（監査役が2人以上いる場合にはその
過半数）の同意を得なければならず（法343条1項），また，各監査役は監査役
選任議案を株主総会に提出することが請求できます（同条2項）。

④　監査等委員会・監査委員会

　監査等委員会設置会社[12]・指名委員会等設置会社を採用した場合には，監査
等委員会・監査委員会の機能と重複するため，監査役を設置することはできま

11）江頭・前掲7）563頁参照。

12）監査等委員会設置会社について，菅原「監査等委員会設置会社―解釈上の論点と実務への影
　　響―」法学研究89巻1号77頁。

せん（法327条4項）。そして，監査等委員会・監査委員会は，監査役（会）が
行ってきた適法性監査を行うほか，妥当性に関する監査も行うことができます。

(1)　監査委員会

　指名委員会等設置会社における監査委員会の権限は，①執行役・取締役の職
務の執行の監査および監査報告の作成，②株主総会に提出する会計監査人の選
任および解任ならびに会計監査人を再任しないことに関する議案の内容の決定
です（法404条2項）。

　監査委員会を構成する取締役（監査委員）の過半数は，社外取締役でなけれ
ばなりません（法400条3項）。また，監査委員が社外取締役の要件を満たさな
い場合でも，指名委員会等設置会社・子会社の執行役・業務執行取締役，また
は子会社の会計参与・支配人その他の使用人を兼任していないことが資格要件
とされています（法400条4項）。

　監査委員会の権限のうち，監査役の独任制を活かしたものには，取締役会へ
の報告義務（法406条），執行役等の行為差止め（同407条）があり，それ以外
は委員会（委員会が選定する監査委員）として活動します（同405条）。

　この監査委員会の行う監査とは，原則として，取締役会が定めた内部統制シ
ステムが適切に運用されているかのチェックです。そして，監査委員会の監査
報告には，「監査委員会の職務の遂行のために必要なものとして法務省令で定
める事項」についての取締役会決議が相当でないと認めるとき，その旨と理由
を記載します（法416条1項1号ロ，規112条・118条2号・131条1項2号）。こ
れらの事項では，取締役会が定めた内部統制システムが適切に運用されている
かどうかが問題となります。

　監査委員会の監査は，このような内部統制システムの適用実態のチェックを
内容としますから，妥当性の監査も含まれます。ただし，監査委員会は，内部
統制システムの適切な運用を組織的に監査するのであって，執行役の個別具体
的な業務執行をチェックする義務があるわけではありません（法416条1項1号
ホ）。

(2) 監査等委員会

　監査等委員会の権限とは，①執行役・取締役の職務の執行の監査および監査報告の作成，②株主総会に提出する会計監査人の選任および解任ならびに会計監査人を再任しないことに関する議案の内容の決定に加えて，③監査等委員以外の取締役の選任・報酬等についての意見を決定することです（法399条の2第3項）。このうち③は，監査等委員会独自の職務です。

　監査等委員会は，指名委員会等設置会社の監査委員会と同じく，内部統制システムを利用した監査を行います（法399条の13第1項1号ハ）。また，監査報告の作成や調査権限についても，監査委員会と同様です（法399条の2・399条の3）。取締役会への報告義務（法399条の4），違法行為等の差止め（同399条の6）に関しては，各監査等委員の権限・義務とされています。

　他方，監査等委員は，「監査等委員である取締役」として，株主から直接選任されますから，この点で監査役と類似します。たとえば，株主総会提出議案に法令・定款違反があると認めるとき，監査等委員が，その調査結果を株主総会に報告する義務を負う点などは，監査役と同様です（法399条の5・384条）。

5 　会計監査人

(1)　会計監査人の意義

　会計監査人とは，計算書類等の監査をする者です。大会社には会計監査人を置かなければなりません（法328条）。なお，会計監査人を設置した旨および会計監査人の氏名・名称は登記事項です（法911条3項19号）。

　会計監査人は，公認会計士または監査法人であることを要します（法337条1項）。会計監査人による監査は，職業専門家による監査であり，また，会社組織の外部から監査する点で，監査役の監査と異なっています。このようにして，公認会計士の有資格者による監査意見が，株主総会に提出されることとなるわけです（法438条）[13]。

(2)　会計監査人の権限と責任

　会計監査人の職務権限は，計算書類（法 435 条 2 項）およびその附属明細書，臨時計算書類（同 441 条 1 項）・連結計算書類（同 444 条 1 項）の監査にあります（同 396 条 1 項前段）。そして，計算書類等の監査について，法務省令で定める内容の会計監査報告を作成します（法 396 条 1 項後段，規 110 条，計規 126 条）。

　会計監査人は，監査に必要な情報を得るため，監査役と同様に，会計帳簿類を閲覧し，取締役等に報告を求めることができますし（法 396 条 2 項・6 項），子会社に対する調査権も有しています（同 396 条 3 項・4 項）。また，会計監査人の独立性を維持するための諸規定もいくつか置かれています（法 329 条・338 条・340 条・344 条等）。

　監査役会・監査等委員会・監査委員会には，会計監査人の報酬の決定に関する同意権限を与えています（法 399 条）。これは，会社経営陣からの経済的独立性を確保する趣旨です。

　会計監査人に任務懈怠があった場合には，会社に対して損害賠償を負いますし（法 423 条 1 項），株主代表訴訟の対象にもなります（同 847 条 1 項）。総株主の同意により，会計監査人の責任の全部を免除できますが（法 424 条），一部の責任免除も認められています（同 425 条・426 条・427 条）。この場合の責任軽減の限度額は，その報酬等の 2 年分の額です（法 425 条 1 項 1 号ハ）。

　なお，会計監査人が，会計監査報告に虚偽の記載をした場合には，自らが「注意を怠らなかったこと」を証明しない限り，第三者に対して損害賠償責任を負うことも，監査役と同様です（法 429 条 2 項 4 号）。

⑥　会計参与

　会計参与の資格要件は，公認会計士（監査法人を含む）または税理士（税理士

13）会計監査人設置会社では，会計監査人の無限定適正意見が付されており，これを不相当とする監査役（会）の意見の付記がない場合には，株主総会における計算書類の承認決議を経る必要がない（法 439 条・436 条，計規 135 条）。したがって，監査役・会計監査人のいずれかが不適正意見を付けた場合には，株主総会の招集通知書等を通じて株主に知らされ，改めて総会の承認を経なければならない。

法人を含む）であり（法333条），株主総会において選任されます（同329条1項）。会計参与とは，簡単に言えば，中小企業の顧問税理士を会社法で認知したような存在です。会計参与は，取締役・執行役と共同して計算書類を作成し（法374条1項），これを会社とは別に5年間保存しなければなりません（同378条1項）。また，株主・会社債権者に対しては，保存する計算書類を開示する義務を負います（法378条2項）。

　ちなみに，会計参与には重い責任が伴うことなどから（法375条・423条・429条・847条等），現実に設置する会社の実例は多くありません。

⑦　企業実務の視点からみた監査役

　監査役には，取締役会に出席し，「必要があると認めるとき」には，意見を陳述する義務があります（法383条1項本文）。監査役の監査権限は適法性監査の範囲であり，妥当性監査に及ばないとする通説の立場からは，この「必要があると認めるとき」とは，取締役会での議論が適法性・違法性に関する場合（正・誤の問題）を意味するのであって，妥当性の場合（当・否，端的には商売の上手い・下手の問題）を含まないという解釈になります。

　Case の甲社取締役会における監査役 X の発言は，不動産の売却価格の多寡に関するものですから，一般的には適法性の問題ではなく，妥当性の問題でしょう。通説によれば，「必要があると認めるとき」には該当しませんから，X に法的な意見陳述義務があるとはいえません。他方，取締役会の議長である Y には，議事進行について裁量権が与えられていますから，X の発言を制止したとしても，それが裁量権の合理的な行使によるものであれば，取締役会決議の瑕疵にはならないと解釈できるでしょう。

　しかし，こうした硬直的な考え方に固執するならば，会社としては，監査役の貴重かつ有益な発言を経営に反映する機会を逃すことにもなってしまいます。

　取締役と監査役とは，監査される者と監査する者ですから，厳格な対抗関係にあるべきであって，決して馴合いは許されません。しかし，取締役会の活性化や議論の充実を図るためには，お互いが信頼し合い（respect），経営にとっ

て有益な情報を交換できる場を構築することに努めるべきです。その対抗と信頼の調和こそが，実務的に重要な課題だと思います。

発展課題

☑ 監査役の監査に関して，取締役会の監督・監査等委員会の監査・監査委員会の監査と比較して，その範囲と方法を整理してみよう。

⇒ 本文②(1)(3)(4)(5)(6)(7)・④参照。

【Case】

X 株式会社の従業員某が，所属する支店において，継続的に架空の発注を行い，相当金額の裏金を捻出していた。甲社は，この事実を把握した税務当局から更正決定を受けて，追徴課税されるに至った。こうした事件について，甲社の代表取締役 Y に責任はあるか。

本講のポイント

▶ 会社の情報として開示されるものには，商業登記，各種の議事録類，定款・株主名簿その他名簿類がある。

▶ 計算書類，事業報告および監査報告・会計監査報告は，定時株主総会の招集通知時に株主に交付される。

▶ 株式会社は，貸借対照表またはその要旨を公告しなければならない。

▶ 内部統制システムとは，企業不祥事を未然に防止し，かつ予測できなかったリスクの発生に適切に対処することを目的として，企業内部に構築・整備する経営管理体制であり，大会社では，内部統制システムを構築することが法的義務となっている。

解　説

1 情報開示

(1) 会社情報の開示・公告

会社は，その事業活動を通じて，出資者・投資家，顧客・消費者，取引先，その他の会社債権者，従業員，地域社会等とさまざまな利害関係をもつに至ります。これら会社を取り巻く多くの利害関係者（stake holder）にとって，会社に関する重要な情報を知ることは，自らの権利・利益を保護するために必要です。

特に株式会社は，株式や社債を発行することによって，一般大衆・市場から

幅広く資金を調達する仕組みとなっています。これらの者が，会社に対して的確な投資や権利行使をする場合には，会社実態が判断できるような情報・資料が適正かつ迅速に開示されなければなりません。

　このように，市場経済の下では，会社は，自らの事業活動が適正かつ効率的に実践されていることを示すために，当該会社をとりまく利害関係者に対し，その情報を開示する必要があり（disclosure），また，所有者の地位にある株主に対しても，同様に説明する責任を果たさなければならないのです（accountability）。

　会社の情報には，さまざまな種類の情報があり，そのすべてが開示の対象となるわけではありません。たとえば，企業秘密に関する情報は，その管理を徹底する必要があります（不正競争防止法 2 条 1 項参照）。開示すべき情報のなかで重要なのが，財務状況や業績等の財務情報です。これら会社の財務状況を適時かつ正確に開示されることが制度的に保障されていなければ，経営の適法性を確保することはできないからです。

②　会社法における会社情報の開示

(1)　計算書類等の開示

　会社の情報として開示されるものには，商業登記（法 907 条以下），各種の議事録類（同 318 条・371 条），定款・株主名簿その他名簿類（同 31 条・125 条・252 条・684 条等）があります。また，会社法上，計算書類，事業報告および監査報告・会計監査報告（監査役設置会社，会計監査人設置会社の場合）は，定時株主総会の招集通知時に株主に交付されます（法 437 条）。

　計算書類とは，①貸借対照表，②損益計算書，③その他会社の財産および損益の状況を示すために必要かつ適当なものとして法務省令で定めるもの（株式資本等変動計算書・個別注記表。計規 59 条）です（法 435 条 2 項）。この場合，株主名簿上の株主に対し，会社から直接に情報開示がなされることから，これを直接開示といいます。なお，金融商品取引法（金商法）により有価証券報告書を提出している大会社では，連結計算書類も株主に対する直接開示の対象とな

っています（法444条6項）。

　また，監査報告とは，監査役が計算書類・附属明細書を監査して，その結果を会社に提出したものです（法436条1項・2項）。会計監査人設置会社では，監査役・監査等委員会・監査委員会が監査報告を作成するとともに，会計監査人も会計監査事項の監査を行い，会計監査報告を作成します（396条1項，計規126条）。

　一方，附属明細書については，招集通知時に交付する必要はありませんが，計算書類や監査報告とともに，定時総会の会日の2週間前から，本店に5年間，謄本を支店に3年間備え置き，株主・会社債権者の閲覧・謄写に供されます（法442条）。これを間接開示といいます。

　これら貸借対照表，損益計算書，附属明細書，連結計算書類，監査報告等は，特に株主に対する情報開示として重要であるため，法務省令において，その記載事項について詳細に規定されています。また，取締役が計算書類・附属明細書等の重要事項に虚偽の記載をした場合には，第三者に対して損害賠償責任を負います（法429条2項）。

(2) 決算公告の義務

　株式会社は，貸借対照表またはその要旨を公告しなければならず，大会社（すなわち，会計監査人の設置が強制されている会社）の場合には，貸借対照表またはその要旨に加えて，損益計算書またはその要旨も公告しなければなりません（法440条1項・2項）[1]。これがいわゆる決算公告です。ただし，有価証券報告書を提出している会社については（金商法24条1項），EDINET等で有価証券報告書が公開されているため，決算公告は必要ありません（法440条4項）。

　公告の方法には，①官報への掲載，②日刊新聞紙への掲載，③電子公告があります。いずれの方法で公告するかは，定款で定めます（法939条1項）。仮に③の電子公告を選択した場合には，たとえば，自社のウェブサイト（ホームペ

1）持分会社および特例有限会社（旧有限会社法に基づき設立され，旧法に近い規律の適用を受ける会社）には，決算公告が義務づけられていない。

ージ）にて決算公告を行えばよいこととなります。ただし，電子公告による開示を行う場合には，貸借対照表の要旨では足りず，貸借対照表そのものを開示する必要があります（法440条2項）。なお，決算公告の義務に違反した場合，過料の制裁があることにも注意しなければなりません（法976条2号）。

(3) 株式・社債発行に際しての開示

　会社が株式や社債を発行するに際しても，会社情報の開示が求められます（法59条1項・203条1項・677条。「通知しなければならない」）。この通知による情報開示によって，株式・社債を引き受けさせるわけです。

　ただし，会社法が定める記載事項には，発行会社の内容に関する情報はほとんど含まれておらず，発行する株式・社債そのものの内容を示すものに限定されているため，出資ないし投資の判断材料としては不十分です。したがって，投資者の投資判断に必要な情報については，金商法上の開示が担うことになります（金商法2条1項・13条1項・15条2項・25条1項）[2]。

　なお，取締役が計算書類・附属明細書等の重要事項に虚偽の記載をした場合には，第三者に対して損害賠償責任を負います（法429条2項）。

(4) 金商法上の開示

　金商法では，有価証券の募集または売出しに際して，有価証券届出書により，投資者の判断に必要な情報を開示させています（同法2条1項）。また，有価証券届出書を内閣府等で公衆に縦覧させるだけでなく（金商法25条1項），必要な情報を記載した目論見書を証券取得時に投資者へ直接交付させることにもなっています（同13条1項・15条2項）。会社法上の開示は，事業年度ごとにすれば足りますが，金商法では，半期報告書・臨時報告書の提出により，会社内容に関する最新の情報の開示が求められています（金商法24条の5第1項・4項）。

2）金商法上の開示については，菅原「証券訴訟における過失立証」慶應法学43号188頁。

(1) 内部統制システムの意義

　内部統制システムとは，企業不祥事を未然に防止し，かつ予測できなかった
リスクの発生に適切に対処することを目的として，企業内部に構築・整備する
経営管理体制（事業リスクを管理できる組織体制）をいいます[3]。公開会社のよ
うにある程度以上の規模の会社の経営者には，業務執行の一環として，会社の
損害を防止する内部統制システムを整備する義務が存在すると考えられてきま
した。

　この点，大和銀行株主代表訴訟事件第一審判決では，「健全な会社経営を行
うためには，目的とする事業の種類，性質等に応じて生じる各種のリスク（略）
の状況を正確に把握し，適切に制御すること，すなわちリスク管理が欠かせず，
会社が営む事業の規模，特性等に応じたリスク管理体制（いわゆる内部統制シ
ステム）を整備することを要する。（略）会社経営の根幹に係わるリスク管理体
制の大綱については，取締役会で決定することを要し，（略）代表取締役及び
業務担当取締役は，大綱を踏まえ，担当する部門におけるリスク管理体制を具
体的に決定するべき職務を負う。（略）取締役は，取締役会の構成員として，
また，代表取締役又は業務担当取締役として，リスク管理体制を構築すべき義
務を負い，さらに，代表取締役及び業務担当取締役がリスク管理体制を構築す
べき義務を履行しているか否かを監視する義務を負うのであり，これもまた，
取締役としての善管注意義務及び忠実義務の内容をなすものと言うべきであ
る。」と判示しています[4]。この判決は，内部統制システム構築が取締役の法
的義務となることを明確に示した点で重要な裁判例です。

　3）現在唱えられている「内部統制システム」という考え方の基礎となったのは，1992 年，COSO
　　（米国トレッドウェイ委員会組織委員会（Committee of Sponsoring Organizations of Treadway
　　Commission））が発表した報告書「内部統制－統合的枠組（Internal Control -Integrated Frame-
　　work）」である。ただし，COSO 報告書の内部統制そのものと，会社法に定める「業務の適正を
　　確保するために必要な体制」とは，その内容が重複する部分もあるが，直接には関係がない。相
　　澤哲ほか編著『論点解説 新・会社法』（商事法務，2006 年）333 頁。
　4）大阪地判平 12 年 9 月 20 日判時 1721 号 3 頁。

　また，神戸製鋼所株主代表訴訟事件の和解における裁判所所見によれば，
「大企業の場合，職務の分担が進んでいるため，他の取締役や従業員全員の動
静を正確に把握することは事実上不可能であるから，取締役は，商法上固く禁
じられている利益供与のごとき違法行為はもとより大会社における厳格な企業
会計規則をないがしろにする裏金捻出行為等が社内で行われないよう内部統制
システムを構築すべき法律上の義務があるというべきである。（略）そうであ
るとすれば，企業のトップとしての地位にありながら，内部統制システムの構
築等を行わないで放置してきた代表取締役が，社内においてなされた違法行為
について，これを知らなかったという弁明をするだけでその責任を免れること
ができるとするのは相当ではないというべきである。」とします[5]。この所見
にも触れられているとおり，とりわけ大規模な会社の代表取締役にとっては，
内部統制システム構築が必須の課題なのです。

(2)　会社法における内部統制の整備

　会社法では，取締役が2名以上存在する会社および取締役会設置会社が，代
表取締役に委任できない事項として，「取締役の職務の執行が法令及び定款に
適合することを確保するための体制その他株式会社の業務並びに当該株式会社
及びその子会社から成る企業集団の業務の適正を確保するために必要なものと
して法務省令で定める体制の整備」（内部統制システムの構築に関する基本方針）
を明定し（法348条3項4号・362条4項6号・399条の13第1項1号ハ・416条1
項1号ホ），さらに，すべての大会社に対して，内部統制システムの構築に関
する基本方針を決定するように強制しています（同348条4項・362条5項・
399条の13第2項・416条2項）。また，決定された内部統制システムの内容は，
事業報告に記載しなければなりません（規118条2号）。

　要するに，大会社では，内部統制システムを構築することが法的義務である
ことを意味しています。この場合，監査役・監査役会・監査等委員会・監査委
員会が内部統制システムに関する状況に対する監査を行い，その結果を監査報

5）神戸地裁平14年4月5日商事1626号52頁。

告等に記載する必要があります（規129条1項5号・130～131条）。

大会社のうち取締役会設置会社が定めなければならない体制は[6]，

---

① 取締役の職務の執行が法令および定款に適合することを確保するための体制（法362条4項6号），
② 取締役の職務の執行に係る情報の保管および管理に関する体制（規100条1項1号），
③ 損失の危険の管理に関する規程その他の体制（同項2号），
④ 取締役の職務の執行が効率的に行われることを確保するための体制（同項3号），
⑤ 使用人の職務の執行が法令および定款に適合することを確保するための体制（同項4号），
⑥ 株式会社ならびにその親会社および子会社から成る企業集団における業務の適正を確保するための体制（同項5号），

などです。

ちなみに，会社法施行規則は，「株式会社並びにその親会社及び子会社から成る企業集団における業務の適正を確保するための体制」と定めていますから（規100条1項5号），内部統制システムは，グループ経営として取り組まなければならないこととなります。

この内部統制には，①経営の適正の確保と，②取締役の免責（従業員等による不正が生じても内部統制システムが構築・整備されていれば，取締役は個人責任を免責される）の二つに意味があると解されています。

②取締役の免責では，取締役会においてどの程度の内部統制システムの構築を決定すれば，取締役として善管注意義務違反とならないか，また，代表取締役は，その決定を具体的にどのように実行・実現すれば，善管注意義務違反とならないかという点が，実務的に難しい問題です。この点については，不正行為の完璧な防止は不可能ですから，通常想定される不正行為を防止し得る程度の管理体制の構築・維持が求められると解釈すべきでしょう。なお，システムを厳重にすればするほど，そのコストは増大しますし，また，株主ほかのステ

---

6) 取締役会を設置しない大会社は規98条に，委員会設置会社は同112条に，同様の規定がある。

ークホルダーが一体どのくらいのレベルを期待しているかなどの検討も必要となります。

　いずれにしても，内部統制システムの具体的な内容・水準については，経済社会を取り巻く環境や企業実務の積み重ねのなかで確定していくものと考えるべきです[7]。

(3)　内部統制構築義務と過失

　取締役の内部統制システム構築義務が尽くされたかに関し，参考となり得る判例としては，日本システム技術事件最高裁判決があります[8]。本件は，会社法350条に基づく損害賠償責任について判断されたものです。

　被告会社の従業員らが営業成績をあげる目的で架空の売上を計上したため，有価証券報告書に不実の記載がなされ，その後に当該事実が公表されて株価が下落したところ，事実公表前に株式を取得した原告が，被告会社に対して，法350条に基づき損害賠償を請求したという事案です。最高裁は，被告会社が，職務分掌規定等を定めて事業部門と財務部門を分離するなど，通常予想される架空売上の計上等の不正行為を防止し得る程度の管理体制は整えていたものということができ，代表取締役に，本件不正行為を防止するためのリスク管理体制（内部統制システム）を構築すべき義務に違反した過失があるということはできないと判示し，原告の請求を棄却しました。

　すなわち，最高裁は，提出会社の代表者が財務報告に関するリスク管理体制を適切に構築・整備していれば，たとえ有価証券報告書に虚偽記載がなされ，その旨の事実を公表する前に株式を取得した者がいた場合であっても，その者との関係で提出会社が法350条に基づく損害賠償責任を負うことはないと判断したものと解されます。

---

7)　江頭憲治郎「『会社法制の現代化に関する要綱案』の解説〔Ⅱ〕」商事法務1722号4頁以下参照。

8)　最判平21年7月9日判時2055号147頁〔百選52〕。菅原「証券訴訟における過失立証」慶應法学43号192頁。

(4) 金商法上の内部統制

　株式上場企業の不祥事防止のため，金商法には，経営者に財務諸表や経営の意思決定などに不正がないことを証明させる「内部統制報告書」の提出を義務づける制度が盛り込まれています（同24条の4の2・24条の4の4)[9]。

　有価証券報告書を提出しなければならない会社のうち，金融商品取引所に上場している有価証券の発行者である会社その他の政令で定めるものは，事業年度ごとに，当該会社の属する企業集団および当該会社に係る財務計算に関する書類その他の情報の適正性を確保するために必要な体制について評価した報告書（内部統制報告書）を有価証券報告書と併せて内閣総理大臣に提出しなければなりません。

　ちなみに，「内部統制」という言葉自体は，会計監査論ないし監査基準の分野において，昭和20年代より用いられてきたものであり，けっして目新しい概念ではありません。金商法上の内部統制もこの延長線上にあります。金商法では「情報の適正性を確保するために必要なものとして内閣府令で定める体制」と定められており（同24条の4の4)，あくまでも企業の財務・会計情報の開示の信頼性を確保することに主眼が置かれている点に注意が必要です。ここでは，財務報告に関する内部統制の有効性に限って，経営者の評価と監査人（会社法上の会計監査人）による検証を問題としているのです。したがって，会社法に定める「業務の適正を確保するために必要な体制」とは，明らかに情報開示の趣旨・目的が異なるものです。

　PL関係，各種違法取引，安全保障輸出管理体制違反，個人情報漏えい，独禁法違反，経営幹部のインサイダー取引，セクハラなどの非財務リスクについては，金商法による内部統制では対応できず，会社法上の内部統制（業務の適正を確保するための体制）で対処することになります。

---

9) これは米国企業改革法（Sarbanes-Oxley Act, 2002）302条の「経営者による宣誓書」を見習った制度である。

④ 取締役の指導監督義務

　取締役と会社とは委任関係にあることから，取締役は，その職務執行につき，会社に対して善良な管理者の注意義務を負い（善管注意義務。法 330 条・402 条），また，会社のため忠実にその職務を執行する義務を負っています（忠実義務。同 355 条・419 条 2 項）。この取締役の善管注意義務または忠実義務には，従業員が不正行為をして会社に対し損害を及ぼさないように監督する義務も含まれています。したがって，取締役は，従業員の違法・不当な行為を発見し，あるいはこれを未然に防止するなど，従業員に対する指導監督についての注意義務を負うのです[10]。

　取締役が指導監督義務を怠ったか否かについては，会社の業務形態，内容・規模，従業員数，従業員に対する指導監督体制などの諸事情を総合して判断されます。このうち，特に重要な判断要素のひとつが，従業員に対する指導監督体制です（従業員の職務執行が法令・定款に適合することを確保するための組織システム。規 100 条 1 項 4 号参照）。要するに，従業員に対する指導監督義務とは，内部統制システムを敷衍した法的義務ということができます（法 362 条 4 項 6 号・同条 5 項）。

　Case のような場合，一般的には，代表取締役が直接個々の従業員に対して指導監督することは難しいため，職務権限規程等を定め，取締役の指導監督権限を下位の職位者に委譲している場合が多いでしょう。この場合には，権限委譲を受けた職位者を通じて，従業員を指導監督することとなります。代表取締役は，自らの善管注意義務・忠実義務に従って適切に職務を執行するとともに，従業員にこれを行わせる場合には，高度の注意義務を尽くして，その従業員による職務執行が適正に行われるように監視しなければならず，不当な職務執行を制止し，あるいは未然にこれを防止する策も講じる必要があります[11]。

　実務的には，権限委譲の内容・態様の合理性と，委譲された業務の適正さを

10）東京地判平 11 年 3 月 4 日判タ 1017 号 215 頁。
11）東京高判昭 41 年 11 月 15 日判タ 205 号 152 頁。

図るための指導監督体制が求められます。たとえば，マニュアルの作成，研修，考査などといったコンプライアンス体制が整備されていれば，代表取締役の法的責任が認定される可能性も相対的に低くなるでしょう。

⑤　企業実務の視点からみた内部統制

　内部統制システムの構築に関する基本方針を決定するように義務づけられた会社では，取締役会（取締役を設置しない会社においては，取締役）が，内部統制の構築（なお，条文上「整備」とされているから，より正確には，基本方針の構築と運用を含む概念）の基本方針を決定しなかったとすれば，直ちに具体的法令違反に該当してしまいます。

　形式的な管理体制を取り繕ったところで，社会的に耳目を集めるような企業不祥事が発生して，会社に何らかの損害が生じ，代表訴訟が提起されたならば，司法上の取締役等の免責事由とすることは難しいでしょう。したがって，法が求める内部統制の各項目（法362条4項6号，規100条等）は，あくまで会社の損害発生に対する有効な予防策のメニューなのであって，決して取締役等のための免罪符ではありません。

　たとえば，コーポレート・ガバナンス（企業統治）については，トップが企業理念を無視して暴走しないよう，監査役・監査等委員会・監査委員会が実質的に役割を果たすことが重要ですし，監査役等の監査機関が会社の重要情報にアクセスできる仕組みを設けることや，監査事務局の独立も求められるでしょう（規100条2項等参照）。また，社内で情報が円滑に伝わるようにする方法では，通常の業務報告とは違う報告ルートの整備を例示し（規100条1項1号），その場合，匿名で報告できるようにすることや，通報者が不利益を受けない措置なども必要です（内部通報制度の充実。公益通報者保護法）。また，内部監査では，高い専門性と倫理観をもち独立した監査部門を，企業規模や業種などに応じて設けるべきです。

　マネジメント・システムを語るとき，よく「P・D・C・A」という用語を耳にします[12]。このP・D・C・Aとは，事業活動一般における，P（plan,

計画），D（do，実施），C（check，監視），A（act，改善）のサイクルを表現し
たものです。内部統制システムの実効性を確保するためにも，この循環が欠か
せません。取締役会が内部統制システム構築の基本方針を決定し（P），代表
取締役・代表執行役ら経営陣がこれに基づく事業活動を遂行し（D），監査機
関は違法経営ないし企業不祥事が起きないことを監督・監査し（C），その危
険性が認められればこれを改善する（A）という流れ（プロセス）が重要でし
ょう。

発展課題

☑ リスク・マネジメントとコンプライアンスの関係を検討してみよう。
⇒ 菅原『企業法務入門 20 講』（勁草書房，2021）150 頁参照。

☑ グローバリゼーションと DX の進展による内部統制の現代的課題について検
討してみよう。
⇒ 組織全体の職務分掌やリスク管理の高度化など。

---

12) 近年では，PDCA とともに，OODA ループが注目されている。OODA ループとは，Observe
（観察），Orient（状況判断，方針決定），Decide（意思決定），Act（行動）の頭文字をとったも
の。PDCA がプロセスを重視し，数値的な裏づけや指標をもとに眼前の課題や中長期的な視点
から企業を成功に導くメソッドであるのに対して，OODA は現場適合性を重視し，迅速な周囲
の観察や迅速な判断・実行が求められる市場動向や顧客ニーズに適合した対応に適しているとさ
れる。

【Case】

　Y株式会社は，取締役会で，A証券に対し，1株2,500円で100万株を買取引受けさせることを決議し，Aがこれを払い込んだことにより，新株発行の効力が生じた。しかし，Y株式1,000株を保有する株主Xは，本件払込金額について，取締役会前日の時価が2,750円であり，YがAに特に有利な金額で新株発行したにもかかわらず，株主総会の特別決議を欠いているから，無効であると主張している。

本講のポイント

▶資金調達の機動性を確保するため，授権株式制度が採用されている。

▶通常の新株発行と自己株式の処分をあわせて，募集株式という。

▶通常の新株発行は，公募，株主割当て，第三者割当てに分類される。

▶既存株主の経済的利益の保護のため，第三者に対して新株を特に有利な払込金額で発行する場合には，株主総会の特別決議が必要である。

▶法令定款違反または著しく不公正な方法で募集株式を発行し，株主が不利益を受けるおそれがある場合には，会社に対して募集株式の発行の差止めを請求できる。

▶新株発行が効力を生じた後は，新株発行無効の訴え・新株発行不存在の訴えによる。無効原因について明文規定がないため，解釈問題である。

解　説

① 資金調達

(1) 総説

　そもそも会社は，営利を目的とします。多数説的な見解によれば，会社の営利性とは，対外的活動によって生じた利益を構成員に還元・分配することとされています（法105条2項参照）。利益を分配するには，それだけ稼がなければなりません。つまり，金儲けが必要なのです。金儲けをするためには，必ず元

手が要ります。しかも，この元手が多ければ多いほど，事業・興業の可能性は拡大するし，それだけ得られる利益も大きくなります。この元手を集めることを資金調達といいます。

このように，会社はその事業活動のために資金調達を行います。企業活動とは，資金を調達し，これを資本投下して，付加価値（儲け）を含めて回収する。そして，さらに資金調達を行う，という循環過程なのです。

会社が調達する資金には，内部資金と外部資金があります。内部資金とは，会社の事業活動によって自ら生み出した資金であり，これを構成員に分配せずに社内に留保し，事業活動のための新たな資金とするものです。利益の内部留保や減価償却費がこれに該当します。

これに対して，外部資金とは，会社の外部から調達される資金であり，さまざまな手段があります。ちなみに，会社の設立行為とは，もっぱら外部からの資金調達によって，資本投下を準備するものであり（前記循環過程の第1段階），資金調達の変形物であるとも考えられるでしょう。

(2)　直接金融と間接金融

外部資金としては，取引行為による資金調達があり，これには，手形等による企業間信用，銀行等からの借入れ（金銭消費貸借契約）が含まれます。このうち，借入れによる資金調達は，銀行が預金を集めて企業に貸し付けるように，資金供給者と利用者（企業）の間に第三者（銀行）が入っていることから，間接金融といいます。

従来，企業の資金調達の主役は，銀行からの借入れでした。しかし，バブル期以降，日本の各銀行は多額の不良債権を抱えたため，その体力が減退するようになります。ことに昨今の低金利のもとでは，銀行の手数料相当の利益を上乗せされた融資を受けるよりも，直接一般の投資家から資金を集めたほうが，資金調達にかかるコストも安くあがります。企業の側からいえば，銀行からの借入れよりも低い金利で資金調達できるし，投資家としても銀行預金よりは多少なりとも高い利息で金を預ける結果となるわけです。

依然企業の資金調達の主軸が銀行からの融資，すなわち間接金融であること

に変わりはありません。しかし，最近では，企業が直接市場から資金を調達する方向にシフトする傾向も見受けられます。このように資金利用者（企業）が供給者（市場）から直接に資金を調達する方法を直接金融といいます。

(3) 株式と社債

　株式会社の直接金融としては，株式発行と社債の二つがあります。両者とも会社にとって外部資金の調達手段ではありますが，性格的にはまったく異なるものです。

　株式は会社への出資の対価として与えられるものですから，株主は会社の構成員であり所有者であると観念されます（エクイティ・ファイナンス）。これに対して，社債は投資家から借金をする制度であって（デット・ファイナンス），融資の対価として与えられるものだという根本的な違いがあるのです。

　社債が借金である以上，会社が儲かろうと儲かるまいと確定利息を支払わなければなりませんが，その代わりに金を返済してしまえば，会社との関係は終了します。企業が返済の義務を負うものを他人資本といいますが，社債は借入れとともに他人資本とされています。社債権者は会社外部の債権者にすぎませんから，会社経営には原則として関与できません。

　株式のほうは，いったん出資された金を原則として返還することはないですし，配当する原資がなければ配当する必要もありません。企業に返済の義務がないので，これを自己資本といいます。ただし，配当支払期間といった限定はありませんから，会社が儲かっている以上，原則として半永久的に配当を支払い続ける必要があります。また，株主は会社の所有者ですから，議決権行使等によって会社の経営に参加する機会が与えられています。

　ただし，優先株（法108条1項1号2号），議決権制限株式（同項3号・115条），取得請求権付株式（同2条18号・107条1項2号・108条1項5号），取得条項付株式（同2条19号・107条1項3号・108条1項6号），新株予約権付社債（同2条22号・292条）のように，株式と社債の性質が混合したものも認められており，両者の性質はきわめて接近しています。

　会社としては，各々のメリットとデメリットを比較検討し，どのような規模

と方法で資金調達をすべきかを，経営判断によって決定することになるわけです。

(4)　内部資金の留保

　内部資金の留保の典型としては，利益剰余金があります。利益剰余金は法定準備金である利益準備金（法 445 条），種々の任意準備金（任意積立金），繰越利益剰余金から構成されています。

　また，減価償却も広義の内部留保に含めることができます（計規 5 条）。減価償却とは，ある固定資産を購入したことによるプラスはその後の何年も続くことから，その資産の取得費用を，収益をもたらす毎年度に振り分けることをいいます（費用と収益の対応）。その場合，費用の先送りとなり，次年度以降は実際の出費がないのにあることとなりますから，現実の金は残り，内部留保されます[1]。

②　募集株式の発行

(1)　授権株式制度

　会社法は，資金調達の機動性を確保するため，授権株式（授権資本）制度を採用しています。授権資本制度とは，会社が将来発行する予定の株式の数（発行可能株式総数）を定款に定めておき（法 37 条 1 項・2 項），その範囲内では，取締役会等の決議によって適宜株式を発行することを認める制度です。株式会社が交付できる株式総数は，「発行可能株式総数 − 発行済株式総数 ＋ 自己株式数」と計算することができます（法 113 条 4 項）。

　ただし，公開会社では，設立時に発行可能株式総数の 4 分の 1 以上の株式を発行しなければならず（法 37 条 3 項本文），また，定款変更によって既存の授権株式数そのものを増加させる場合にも，発行済株式総数の 4 倍までしか増加

---

1)　会社法には規定がほとんど見当たらないが，減価償却とは逆に，当年度には出費がないのにあるとして計上する引当金も，会社の内部留保となる（計規 75 条・77 条）。

できません（同113条3項本文）[2]・[3]。これに対して，非公開会社の場合には，新株発行が株主総会の権限であることから，このような4倍の制限は存在しません（法37条3項ただし書・113条3項）。

なお，株式消却（法178条）等の結果，発行済株式総数が減少した場合でも，発行可能株式総数は当然には減少しません。しかし，授権株式の枠内での発行済株式総数は減少することになるため，その減少分について新株を再発行できるか，という問題があります。この点，反対説もありますが，発行可能株式総数を定めるという授権株式制度の趣旨からは，再発行は認められないというべきでしょう。

(2) 募集株式発行の意義

募集株式とは，通常の新株発行と自己株式の処分を指します（法199条1項）。

通常の新株発行は，①公募（広く不特定多数の投資家に対して株式引受けの申込みの勧誘をしたうえで，募集株式の発行を行う方法），②株主割当て（会社が既存株主にその持株数に応じて株式の割当てを受ける権利を与えたうえで，募集株式の発行等を行う方法。法202条），③第三者割当て（特定の縁故者に対してだけ株式引受けの申込みの勧誘をしたうえで，募集株式の発行を行う方法。同199条3項・205条）に分けることができます。①公募は，市場にいるすべての人を対象にしますから，資金調達の面で優れています。他方，②株主割当ての場合，既存株主が新株を引き受けなければ，自らの会社に対する支配比率が変動するため，株主の購買を事実上強制するという面があり，その意味で資金調達の確実性に優れています。③第三者割当ては，既存株主にとって不利益を被る可能性が高くなりますが，企業提携の意味が大きいでしょう。

また，特殊な新株発行の例としては，株式分割（法183条），株式無償割当

---

2) 法113条3項にいう発行済株式総数の4倍とは，授権株式数増加時の発行済株式総数をいう。最判昭37年3月8日民集16巻3号473頁〔百選A9〕。

3) 授権の限度を4倍までとする理由は，①取締役会等に無限の数の株式発行権限を認めるのは濫用のおそれがあること，②授権株式制度は授権に登場する将来の株主の意思を反映していないこと，③新株発行により既存の株主が被る持株比率の低下の限界を画する必要があることにある。神田秀樹『会社法〔第22版〕』（弘文堂，2020）143頁。

て（同 185 条），新株予約権の行使（同 280 条）などがあります。

　会社が株主以外の者に対して募集株式の発行を行うと，既存株主の持株比率に影響を与え（持株比率の低下），また，払込金額によっては既存株主の株式の経済的価値を低下させる（経済価値の低下）という問題があります。このため，既存株主保護のための各種制度を設けているわけです。

(3)　株式募集の手続

　株式による資金調達の手続は，

---

① 募集事項の決定（法 199 条・309 条 2 項 5 号・201 条）
② 募集時項の通知・公告（法 201 条 3 項・4 項・5 項，金商法 4 条 1 項・2 項所定の届出等がある場合には，当該届出をもって会社法上の通知・公告に代えることができる）
③ 募集の通知・引受申込み（法 203 条 1 項・2 項・4 項，金商法 2 条 10 項所定の目論見書の交付がある場合には，当該交付をもって会社法上の通知に代えることができる）
④ 募集株式の割当て（法 204 条 1 項）
⑤ 申込者に対する割当通知（法 204 条 3 項）
⑥ 出資の履行（法 208 条）

です。

　会社は，申込者の中から割当てる者を定め，かつその者に割当てる株式の数を定めなければなりません。このとき会社は，申込者に割り当てる株式の数を，申込者の申出数より減少することができます（法 204 条 1 項）。要するに，会社は，原則として誰に何株割り当てるかを自由に決めることができるわけです（割当自由の原則）。

(4)　資金調達の機動性

　公開会社では，有利発行の場合を除き（後記 (6)），取締役会決議で募集事項を決定します（法 199 条・201 条）。

　これに対して，非公開会社における募集事項の決定は，株主総会の特別決議

が必要です（法199条2項・309条2項5号）。この場合，既存株主は新株の割当てを受ける権利を要するのが原則ですが（法202条1項），新株発行の際の株主総会の特別決議でこれを排除することができます（同199条2項・200条1項3項・309条2項5号）。また，非公開会社では，有利発行に該当するか否かを問わず，株主総会の特別決議で「募集株式の数の上限及び払込金額の下限」を定めておけば，当該決議の日から1年間に限り，その他の募集事項の決定を取締役会等に委任できます（法200条1項・3項）。

(5) DES と会社法

　デッド・エクイティ・スワップ（DES）については，債権者の有する金銭債権を債務者企業に現物出資し，これによって株式発行するという法的構成があります。DES とは，債権者・債務者間の合意に基づき債務（Debt）を株式（Equity）に変更（Swap）することです（債務の株式化）。この方法によれば，債務者にとっては債務縮減となる一方，債権者にとっても（債務者の事業が再生した場合には）債権回収の可能性があり，単なる債権放棄よりも魅力的でしょう。

　この点，会社に対する金銭債権を現物出資する場合，「現物出資財産が株式会社に対する金銭債権（弁済期が到来しているものに限る。）であって，当該金銭債権について定められた第199条第12項3号（著者注：出資額の意味）の価額が当該金銭債権に係る負債の帳簿価額を超えない場合」には，裁判所の選任した検査役の調査を受ける必要がありません（法207条9項5号）。実務では，DES の対象となる債権の債権者が，その債権に関する期限の利益を放棄することにより，弁済期が到来した債権と同様のものと扱い，検査役の調査を省略して，株式の発行を受けることが一般的に行われています。

(6) 有利発行

　既存株主の経済的利益の保護のため，第三者に対して新株を「特に有利な」払込金額で発行する場合には，株主総会の特別決議が必要です（法199条2項・201条1項・309条2項5号）。この場合の「特に有利な金額」（法199条3項）と

は，公正な発行価額に比較して特に低い価格をいい，資金調達の達成と旧株主の財産的利益との調和により決定されます[4]。当該株主総会において，取締役は，有利発行する理由を説明しなければなりません（法199条3項・200条2項）。

また，株主総会決議で「払込金額の下限」だけを定めておけば，その決議の日から1年間に限り，具体的な決定を取締役会決議に委任することもできます（法200条1項・3項）。

なお，特別決議を経ない有利発行の場合，実際の発行価額と公正な価額との差額を会社の損害として，取締役の対会社責任（法423条1項）を認めた裁判例がありますが[5]，実務的には会社損害の認定が相当に難しいものと思えます。

③ 新株発行の瑕疵

(1) 募集株式発行の差止め

法令定款違反または著しく不公正な方法で募集株式を発行し，これにより株主が不利益を受けるおそれがある場合には，株主は会社に対して募集株式の発行の差止めを請求できます（法210条）。

裁判例によれば，会社に資金調達の目的があっても，他方に会社の支配権強化・維持の目的がある場合には，その主要な目的を基準として，「著しく不公正な方法」か否かが判断されています（主要目的ルール）[6]。

すなわち，取締役会が株式発行を決定するに至った種々の動機のうち，不当な目的を達成しようとする動機が他の動機に優越し，それが主要な主観的要素であると認められる場合には，不公正発行に該当するとします。そのうえで，

4）最判昭50年4月8日民集29巻4号350頁。株価が高騰している事例では，一定期間の平均株価を基準とし，証券界の自主ルールに則れば「特に有利」に該当しないとする裁判例もある（東京地決平元年7月25日判時1317号28頁）。近年の実務状況によれば，上場会社における公募の場合，直近の市場価格から約3%，第三者割当ならば5%程度安い価格が限度と解すべきではなかろうか。であるならば，Caseは有利発行に該当する。非上場会社における募集株式の有利発行に関し，最判平27年2月19日民集69巻1号51頁〔百選23〕。

5）東京地判平12年7月27日判タ1056号246頁。

6）東京高決平16年8月4日金判1201号4頁〔百選98〕。

少なくとも資金調達の目的は不当な目的にはあたらないとする一方で，経営を担当している取締役等が対立している支配株主の支配権を奪う，あるいは支配しようとしているものに支配させないようにするといった支配権の維持・確保は，不当な目的にあたると解釈してきたのです[7]。

(2) 新株発行の無効・不存在

新株発行が効力を生じるまでの間は，募集株式発行の差止めが請求できますが（法210条），新株発行が効力を生じた後は，新株発行無効の訴え（同828条1項2号・3号）および新株発行不存在の訴え（同829条1号・2号）によることとなります。

無効の訴えの提訴権者は株主等であり（法828条2項2号），提訴期間は発行の日から6か月とされ（同828条1項2号。ただし，非公開会社は1年間），被告は会社です（同834条2号）。また，無効判決の効果には，対世効がありますが（法838条），遡及効はありません（同839条）。

なお，無効原因について明文規定がないため，以下のとおり，解釈問題となります。

2-1) 公開会社の場合

判例上，無効原因にならないとされた事例としては，取締役会決議を欠く新株発行のほか[8]，総会特別決議を欠く有利発行，著しく不公正な方法による新株発行があります。

判例の論理について俯瞰すれば，

---

7) 主要目的ルールでは，不当な目的（支配目的）の有無をどのように認定すべきかが問題となる。この点，近時の裁判例では，現に支配権争いが生じている状況下で，大量の第三者割当てが行われる場合には，支配目的が事実上推定され，会社がそれを覆すには，資金調達目的に加え，当該第三者割当てを必要とする会社の事業目的（資本提携など）につき十分な合理性をもつ説明をして反証しなければならないとの立場が増えてきている（東京地決平20年6月23日金判1296号10頁）。

8) 最判昭36年3月31日民集15巻3号645頁は，新株発行は，株式会社の組織に関するものであるとはいえ，会社の業務執行に準じて取り扱われるものであるから，会社を代表する権限のある取締役が新株を発行した以上，新株発行に関する有効な取締役会の決議がなくても，新株の発行が有効である，とする。

---

① 法は，資金調達の機動性を確保するため，授権株式（授権資本）制度を採用している（授権資本制の採用）。
② 募集株式の発行とは，資金調達を目的とし，会社の業務執行に準じて取り扱われるものである（業務執行に準じた取扱い）。
③ 新株発行は，会社と取引関係に立つ第三者を含めた広範囲の法律関係に影響を及ぼす可能性があるため，無効事由を狭く限定すべき（無効事由の制限的解釈）。

ということになると思います。

　特別決議を経ない有利発行の効果について，判例は，新株発行は業務執行に準じたものであり，特別決議要件も取締役会権限行使の内部的要件にすぎないから，取締役会決議に基づき代表取締役が新株発行した以上，新株取得者や会社債権者の保護など，取引の安全に重点を置くべきとして，これを有効としています[9]。この見解に立てば，Case の場合も，有効ということになります。これに対して，機関権限分配の法理（株主総会決議は代表取締役の具体的行為の動機ではない）や新株発行法制（新株発行とは人的物的組織拡大である）からすれば，無効と解さざるを得ないという有力な反対説もあります[10]。

　著しく不公正な方法による新株発行についても，判例は無効原因にならないとします[11]。ちなみに，不公正発行かどうかの判断基準に関し，下級審裁判例は，主要目的ルールを用いています（前記(1)）。

　これらに対して，新株発行事項の公示を欠く新株発行について，判例は，無効原因としています[12]。なぜなら，募集事項の公示（法 201 条 3 項・4 項）は，株主が新株発行差止請求権（同 210 条）を行使する機会の保障を目的として会

---

9) 最判昭 46 年 7 月 16 日判時 641 号 97 頁〔百選 24〕。なお，特別決議を経ない有利発行は，法令違反であるから，差止事由には該当するものと解される（法 210 条）。

10) 宮島司『会社法』（弘文堂，2020）255 頁。

11) 最判平 6 年 7 月 14 日判時 1512 号 178 頁〔百選 102〕は，前掲 8)・最判昭 36 年 3 月 31 日の理は，新株が著しく不公正な方法により発行された場合であっても異なるところがなく，新株の発行が会社と取引関係に立つ第三者を含めて広い範囲の法律関係に影響を及ぼす可能性があることにかんがみれば，その効力を画一的に判断する必要がある，とする。

12) 最判平 9 年 1 月 28 日民集 51 巻 1 号 71 頁〔百選 27〕。

社に義務づけられたものだからです[13]。

　また，仮処分命令違反の新株発行の効力については，①有効説（仮処分制度の一般原則からは，仮処分により生ずる不作為義務は，当該株主と会社との関係限りの債権債務関係にすぎず，仮処分違反自体は無効原因ではない），②無効説（これを無効としなければ，株主に与えられた差止請求権の実効性が担保できない）とが対立していますが，判例は②無効説を採用しています[14]。

2-2)　非公開会社の場合

　非公開会社では，公開会社と異なり，原則として株主総会の特別決議によって募集事項を決定しますから（第三者割当，法199条2項。株主割当，同202条3項4号。309条2項5号），募集株式の発行が業務に準ずるものと位置づけられているわけではありません。その分，法は持株比率の維持に関する既存株主の利益の保護を重視しているのです。

　したがって，非公開会社の場合には，株主総会の特別決議を経ないまま第三者割当の方法による募集株式の発行がなされれば，その発行手続には重大な法令違反があったものと評価できます。すなわち，無効原因になるものと解すべきです[15]。

④　企業実務に視点からみた株式発行

　株式発行による資金調達を企画するに際して，第一に留意すべきは，公募，株主割当て，第三者割当てのいずれの方法によるかという点です。その株式発行の目的に即して，それぞれの長所・短所を比較・検討しなければなりません（前記②(2)参照）。

　第二は，申込割当方式（株主総会で決めた募集事項を，引き受けを行う者に通知し，通知を受けた者が申込みを行うことで株式を割り当てる）か，総数引受方式

13）公示は新株発行の周辺整備に関する事項にすぎず，無効原因とは評価できないと考える立場もある。山本為三郎『会社法の考え方〔第11版〕』（八千代出版，2020）274頁。

14）最判平5年12月16日民集47巻10号5423頁〔百選101〕。

15）最判平24年4月24日民集66巻6号2908頁〔百選29〕。

（第三者割当ての場合，発行する株式の全部を引き受けるという旨の総数引受契約を締結することにより，申込割当の手続を省略する）かの選択です。前者では，割当自由の原則が妥当しますし，後者の場合には，総数引受契約を締結します。

　これらを確定した後は，前記[2] (3) に示した法的手続に入ります。新株発行手続を行い，出資の履行が確認されれば，登記事項に変更が生じますから，本店所在地を管轄する法務局にて変更登記の手続を行う必要があります。

　新株発行の重要なポイントは，①出資金を返済する必要がないことと，②株式を引き受けた者には決権が与えられることです。その 2 点を吟味・比較考量しながら，手続を企画することとなります。

発展課題

☑ 一定の割合を超える希釈化を起こす公募増資について，既存株主に理解を得るためにどのような方策や情報開示で対応できるかを検討してみよう。

⇒ 参考資料として，日本証券業協会「我が国経済の活性化と公募増資等の一層の機能強化に向けた取組みの状況と今後の対応」（2014 年 6 月 17 日）等。

☑ 第三者割当増資の長所と短所を整理してみよう。

⇒ 長所として，信用力強化・事業規模拡大，資金調達の簡便さ，引受先との関係強化，短所としては，既存株主の利益減少・持株比率低下など。

【Case】

　非公開会社であるＹ株式会社は，ストック・オプションのために新株予約権の発行を株主総会で定めた。いつオプションを行使できるのかについては，取締役会決議に基づく契約で定める旨を株主総会で決議し，取締役会では「上場後6か月経過しなければ，新株予約権を行使できない」との条件（上場条件）が付された。しかし，Ｙ社の上場が困難になったため，その後に開催した取締役会にて上場条件を撤廃する決議（変更決議）をした。

　変更決議の後，Ｚらは新株予約権を行使し，Ｙ社株式の発行を受けたが，Ｙ社の監査役Ｘは，上場条件に反する変更決議は無効であるとして，本件の株式発行無効の訴えを提起した。

本講のポイント

▶新株予約権とは，それを有する者（新株予約権者）が会社に対して新株予約権を行使したときに，会社から株式の交付を受ける権利である。

▶新株予約権の権利内容について設計の自由度を認め，また，その発行手続は募集株式と同様の手続に整理されている。

▶新株予約権の発行金額についても，募集株式発行と同様に，有利発行の規制がある。

▶募集新株予約権の発行に瑕疵がある場合には，その効力発生前であれば，株主は発行の差止めを求めることができ，その要件は，募集株式の発行等の差止めの場合と同様である。

▶新株予約権の行使による株式発行の場合，株式発行無効の訴えに関する規定が適用されるのかという問題があるが，判例は適用肯定説を前提としている。

▶募集社債に関する重要事項を取締役会で決定すれば，その条件決定や個々の発行時期の決定を取締役に委任できる。

▶社債・新株予約権付社債の権利移転の効力要件および対抗要件は，株式と同様の取扱いである。

解　説

①　新株予約権

(1)　新株予約権の発行

　新株予約権とは，それを有する者（新株予約権者）が会社に対して新株予約権を行使したときに，会社から株式の交付を受ける権利です。

　会社法では，資金調達の機動性確保の観点から，新株予約権の権利内容について設計の自由度を認め，また，その発行手続も募集株式と同様の手続に整理されています（法236条〜294条）。ちなみに，新株予約権の「発行（予約権を取得する場面）」と「行使（株式として出資する場面）」を混同しないように注意しなければなりません。

　公開会社では，新株予約権の発行の決定は，原則として取締役会決議によります（法240条。株主割当ての方法で行う場合は，同241条3項）。

　これに対して，非公開会社では，株主総会の特別決議によることを原則としますが（法238条2項・309条2項6号），新株予約権の内容・数の上限・払込金額の下限等を株主総会で決議したうえ（同238条1項），その決議後1年以内に割当てするものについての発行事項の決定を取締役（取締役会設置会社では取締役会）に委任できます（同239条1項・3項）。

　新株予約権の申込者や引き受けた者は，払込前の割当日から新株予約権者となり（法245条1項），払込期日（同246条1項）までに全額払込みをしなければ，新株予約権を行使することができません（同246条3項）。

　なお，会社法では，現物出資による新株予約権の行使が認められています（法236条1項2号・3号）。この点に関連して，新株予約権の行使（株式として出資する場面）については現物出資規制が及びますが（法284条1項），一方，新株予約権の発行（予約権を取得する場面）に際しての現物給付については特段の規制がありません。

　また，新株予約権の行使により1株に満たない端数が生じる場合，あらかじめその価額を償還しない旨を定める取扱いを認めるとともに（法236条1項9号），端数切捨ての定めをしていなければ，これを金銭で償還することになっ

ています（同 283 条）。

(2)　有利発行

　新株予約権の発行金額についても，募集株式発行と同様に，有利発行の規制
があります（法 238 条 3 項）。有利発行の場合は，株主総会の総会特別決議（法
238 条 2 項 3 項・240 条 1 項・309 条 2 項 6 号）と説明義務（同 238 条 3 項・239 条
2 項）が手続要件です。

　たとえば，新株予約権の発行価額を適正なレベルに抑えておき，後の払込金
額で有利な価額に値付けをした場合でも，有利発行規制はかかります。有利発
行規制の趣旨である既存株主の利益保護を考えれば，発行価格と行使価格を別
個にみるというのではなく，行使価格を含めたトータルな金額で発行条件を検
討することになるわけです（法 238 条 3 項 1 号・2 号）。そこでは，ブラック・
ショールズ式や二項モデルといった「オプション理論」により，新株予約権の
現在価値を算定することとなるでしょう。

　なお，有利発行となる価額について，近時は，発行時点における新株予約権
の金銭的評価を著しく下回る対価と解釈するのが主流です[1]。

(3)　新株予約権無償割当て

　会社は，株主に無償で新株予約権の割当てをすることができます（法 277 条
〜 279 条）。取締役会設置会社の場合，取締役会に発行権限が付与されていま
す（法 278 条 3 項）。ただし，自己株式には割当てすることができません（法
278 条 2 項）。

　新株予約券無償割当ての目的としては，株主割当ての方法による募集株式の
発行等の代わりに行うライツ・オファリング[2]や，敵対的買収の防衛があり
ます。

　新株予約権無償割当てでは，発行決議のみで，効力発生日が到来すれば，株
主は新株予約権者となります（法 279 条 1 項）。このように，新株予約権無償割

1）江頭憲治郎『株式会社法〔第 8 版〕』（有斐閣，2021）799 頁。

当ての場合は，通常の新株予約権の株主割当て（法 241 条・242 条 1 項〜 3 項・245 条 1 項 1 号等）と比べて，簡略な手続で足りることとなっています。

(4)　株主の救済策

4-1)　募集新株予約権の差止め

募集新株予約権の発行に瑕疵がある場合には，その効力発生前であれば，株主は発行の差止めを求めることができます（法 247 条）。その要件は，募集株式の発行等の差止めの場合と同様です（法 210 条。**第 15 講 3 (1)**）。

現経営陣の保身目的の場合には，著しく不公正な方法（法 247 条 2 号）による新株予約権発行と評価される可能性が高いでしょう。一方，第三者割当による新株予約権発行が敵対的買収の防衛策として用いられる事例において，買収者が，①グリーンメイラー[3] である，②焦土的経営を行う目的で株式買収を行っている，③経営支配権の取得後に会社資産を自己の債務の担保などに流用する予定で株式買収を行っている，④会社経営を一時的に支配して会社事業と関係のない高額資産を売却処分させ一時的に高配当する目的で株式買収を行っているなどの各場合には，不公正発行と判断されないものと解されています[4]。

なお，この差止めの規定は，新株予約券無償割当ての場合にも類推適用されます[5]。

4-2)　募集新株予約権の無効・不存在

募集新株予約権の発行に瑕疵がある場合で，いったん発行の効力が生じた後は，新株予約権無効の訴え（法 828 条 1 項 4 号）と，新株予約権不存在の訴え

---

2)　ライツ・オファリング（rights offering または rights issue）とは，上場会社が，既存株主の保有株式数に応じて新株予約権を無償で割り当てる形の増資手法である。増資に応じる株主は新株予約権を行使して株式を取得し，増資に応じない株主は，新株予約権そのものを市場で売却することができる。公募増資や第三者割当増資では，特定の投資家のみに新株が配分されるため，株式価値の希薄化を招き，既存株主は損失を被ることが多いが，ライツ・オファリングの場合は，株主が自分の意思で選択できることから，持分の希薄化による不利益が生じにくいとされる。

3)　グリーンメイラー（greenmailer）とは，真に会社経営に参加する意思がないにもかかわらず，保有した株式の影響力をもとに，高価で会社関係者に株式の引取りを要求する者をいう。

4)　東京高決平 17 年 3 月 23 日判時 1899 号 56 頁〔百選 99〕（ニッポン放送事件）。

5)　最決平 19 年 8 月 7 日民集 61 巻 5 号 2215 頁〔百選 100〕（ブルドックソース事件）。

（同 829 条 3 号）の制度が定められています。なお，これらの規定は，新株予約券無償割当ての場合にも類推適用されると解されています。

　ちなみに，新株予約権の無効原因・不存在事由は，会社成立後の株式発行と同様に考えるべきでしょう[6]。

4-3)　新株予約権の行使による株式発行の無効

　新株予約権の行使による株式発行の場合，その無効を主張することについては，株式発行無効の訴えに関する規定（法 828 条 1 項 2 号・2 項 2 号）が適用されるのかという問題があります。学説上は，適用否定説と適用肯定説とが対立しており，それによって Case の結論も変わります。

　適用否定説では，株式発行が当然に無効になると解し，訴えの期間制限もありません[7]。

　これに対して，適用肯定説は，株式発行無効の訴えの規定の直接適用ないし類推適用を認めますから，発行日から 6 か月（非公開会社は 1 年間）という提訴期間の制限が適用されます（法 828 条 1 項 2 号）。肯定説は，株式発行無効の規定の適用をしなければ，提訴期間の制限が課されず，株式発行をめぐる法律関係の安定が図れないことなどを理由とします[8]。

　判例は，非公開会社が，株主割当て以外の方法により発行した新株予約権について，株主総会決議で行使条件を付し，かつ，その行使条件が新株予約権を発行した趣旨に照らして重要な内容を構成している場合には，行使条件に違反した新株予約権の行使による株式発行は無効であると判示しています[9]。

(5)　その他

　株主名簿を管理する者と新株予約権原簿を管理する者は，同一であることが便宜であるため，株主名簿管理人が株主名簿と新株予約権原簿に関する事務を

---

　6)　江頭憲治郎ほか「『会社法制の現代化に関する要綱案』の基本的な考え方」商事法務 1719 号
　　　25 頁〔神田発言〕は，各々の無効事由を異なって解釈する場合もあり得るとする。

　7)　適用否定説の理由づけに関し，江頭・前掲 1) 742 頁・836 頁。

　8)　最判平 24 年 4 月 24 日民集 66 巻 6 号 2908 頁〔百選 29〕は，理由は明らかにしていないが，
　　　適用肯定説に立つことを前提にしているものと理解される。

　9)　前掲 8)・最判平 24 年 4 月 24 日。

ともに行うこととしています（法251条）。

また，自己新株予約権の「行使」には規制がありますが（法280条4項），「処分」については，組織再編の場合の交付等につき規定が設けられているものの，一般的な規制はないことにも注意しましょう（法199条1項・207条参照）。

なお，株式交換・株式移転の場合，完全子会社となる会社が発行した新株予約権は，完全親会社となる会社に承継させることも，完全子会社に残すことも可能です（法768条1項4号・773条1項9号）。ただし，発行決議で，株式交換・株式移転があれば承継されると定めながら，完全子会社に残ることとなった新株予約権については，新株予約権買取請求権が与えられます（法787条1項3号・808条1項3号）。

② 社債

(1) 発行

典型的な議論ではありますが，株式と社債については，両者の類似点・相違点を把握したうえで，社債的性質をもつ株式（非参加的累積的優先株式，取得請求権付株式，取得条項付株式）と株式的性質をもつ社債（新株予約権付社債，劣後債，永久債）という両者の接近を確認しておきましょう。

取締役会設置会社では，募集社債に関する重要事項を取締役会で決定すれば（法362条4項5号），社債発行の条件決定や個々の社債の発行時期の決定を取締役に委任することができます（同676条）。これらは社債による資金調達の機動性確保を図るものです。なお，社債の申込み・割当て・払込みの手続については，法676条以下に定められています。違法な社債発行について，特に規定はありません。

なお，社債発行の法的性質は，消費貸借契約類似の無名契約と解釈されています10)。

---

10) 江頭・前掲1) 749頁。

(2) 譲渡

社債・新株予約権付社債の権利移転の効力要件および対抗要件については，株式と同様の取扱いがなされます。すなわち，社債券を発行する旨の定めがある社債の譲渡・質入は，社債券を交付しなければ効力を生じません（法687条・692条）。これに対して，社債券が発行されない場合には，譲渡・質入の意思表示のみが効力要件となります。

社債券を発行する旨の定めがある社債（ただし，無記名社債を除く）の譲渡は，その社債を取得した者の氏名・名称および住所を社債原簿に記載・記録しなければ，社債発行会社に対抗できません（法688条2項）。社債券が発行されない場合は，この記載・記録が発行会社のみならずその他第三者に対する対抗要件となります（法688条1項）。

定款に定めなくても，社債原簿管理人に社債原簿の作成・備置等の事務を委託することができます（法683条）。

(3) 社債管理者

原則として，社債管理者を設置し，社債権者のための社債の管理を委託しなければなりません（法702条，規169条）。社債管理権者は，銀行である例が多い状況です（法703条，規170条）。

社債管理者は，社債権者のために，公平かつ誠実に社債の管理義務を負い，社債権者に対し，善管注意義務も負います（法704条）。社債管理者は，社債権者のために社債に係る債権の弁済を受け，社債に係る債権の実現を保全するために必要な一切の裁判上・裁判外の行為をする権限を有します（法705条）。ただし，社債の全部についてする①元利金の支払猶予，②支払債務の免除，③訴訟行為，④法的倒産処理手続については，社債権者集会の決議なしに行うことができません（法706条1項）。

社債管理者は，社債管理委託契約に定める事由が生じた場合には，社債発行会社および社債権者集会の同意がなくても辞任できます（法711条2項本文）。また，社債管理者は，発行会社の支払停止等の前3か月以内に辞任した場合にも，社債権者に対して損害賠償責任を負います（法712条・710条2項）。社債

管理者は，社債権者集会の決議がなくても，社債権者のために異議を述べることができます（法 740 条 2 項・3 項）。

　令和元年改正では，社債発行時に社債管理者を定めない社債（いわゆる FA 債）を対象に，新たな社債管理機関の仕組み（社債管理補助者）を創設しました（法 714 条の 2）[11]。

(4)　社債権者集会

　社債権者集会は，社債権者の意思決定機関であり，社債の種類ごとに組織され（法 715 条），法定事項および社債権者の利害に関する事項を決議します（同 716 条）。

　決議事項には，社債管理者の辞任（法 711 条），解任（同 713 条）などのほか，担保付社債に関する事項として，担保や担保順位の変更などがあります。社債権者集会の招集権者は，社債発行会社および社債管理者ですが，社債総額の 10 分の 1 以上を保有する少数社債権者にも招集権が与えられています（法 717 条 2 項・718 条 3 項）。招集手続は株主総会の規定に準じます（法 719 条〜 722 条）。

　社債権者は，その有する種類の社債の金額の合計額に応じて議決権をもちますが（法 723 条 1 項），社債発行会社の有する社債については認められません（同 723 条 2 項）。決議は，議決権を行使することができる社債権者の議決権総額の過半数の賛成により行われるのが原則ですが（普通決議。法 724 条 1 項），特別決議事項もあります（同条 2 項）。代理人による議決権行使のほか，書面による議決権行使も認められています（法 725 条・726 条）。法定決議事項を除いて，事後に裁判所の許可を受けなければ，決議の効力を生じません（法 734 条）。

　決議の効力は，当該種類の社債を有するすべての社債権者を拘束します（法 734 条 2 項）。そして，決議の執行は，原則として社債管理者，社債管理補助者または代表社債権者があたります（法 737 条 1 項）。

---

11)　徳本穣＝服部秀一＝松嶋隆弘編『令和元年会社法改正のポイントと実務への影響』（日本加除出版，2021）168 頁。

(5) その他

　株式と社債については，両者の類似点・相違点を把握したうえで（**第 15 講**1（3）），社債的性質をもつ株式と株式的性質をもつ社債という両者の接近を確認しておきましょう（前記2（1）参照）。

　また，新株予約権付社債（CB, Convertible Bond）を発行する場合には，社債の募集に関する規定は適用されず（法 248 条），新株予約権に準じた取扱いとなる点にも注意が必要です（法 238 条・240 条 1 項等）。新株予約権付社債とは，新株予約権を付した社債（法 2 条 22 号），すなわち，一定の条件で発行体の企業の株式に転換できる権利が付いた社債のことです。

3　企業実務に視点からみた新株予約権

　新株予約権は，実務上，幅広い用途で活用されています。

　たとえば，会社の役員・従業員に付与するストック・オプションとして活用されています[12]。新株予約権の付与対象者は，権利行使時の株価が高くなればなるほど，株式を安い対価で入手することができ，これが付与対象者の利益となるので，株価向上へのインセンティブとなります。そこで，役員・従業員等へのインセンティブ報酬として新株予約権が用いられるのです（株式報酬型ストック・オプション）。

　また，資金調達の手段として新株予約権を用いる場合としては，前記1（3）のとおり，上場会社が新株予約権無償割当てで株主に割り当てるほか，エクイティ・コミットメントライン，新株予約権付ローン，MS ワラントといった活用例があります。

　さらには，買収防衛策や業務提携・M&A で用いるケースも認められ，今後も活用の動向には実務的に注目すべきです。

---

12) 菅原「ベンチャー企業と株式─株式発行政策と少数株主への対応」山本爲三郎編『企業法の法理』（慶應義塾大学出版会，2012）39 頁。

発展課題

☑ 社債管理者不設置債（FA 債）における社債権者の保護について検討してみよう。

⇒ 社債管理補助者制度の新設（本文②(3)），私募債の規律（どのような社債を会社法の管理の対象とすべきか）など。

成果の配分と計算

【Case】

甲株式会社のワンマン社長である代表取締役Aは，同社が赤字決算であることを隠し，あたかも黒字であるかのような計算書類を作成した。その後，甲社の取締役会がこの計算書類を承認し，定時株主総会で剰余金分配の議案が提出・承認され，株主への配当が実施された。甲社には，代表取締役Aのほかに，取締役BとCがおり，取締役Cだけは，前記の取締役会で配当議案の提出に反対していた。B・Cは，どのような法的責任に問われる可能性があるか。

本講のポイント

▶ 株主に対する金銭等の分配（利益の配当，中間配当，資本金・準備金の減少に伴う払戻し）と自己株式の有償取得・有償償却につき，これらを「剰余金分配」として統一的な財源規制を課している。

▶ 剰余金分配の財源規制における分配可能額の算定方法は，「剰余金の分配可能額＝最終の貸借対照表上の留保利益等の額－最終の貸借対照表上の自己株式の価額等－当期に分配した金銭等の価額」である。

▶ 会社は株主に対し，株主総会決議によって，いつでも剰余金の配当をすることができる。

▶ 分配可能額を超えて剰余金配当がされた場合の効果には，無効説と有効説が対立する。

▶ 一定の株主には会計帳簿の閲覧請求権があるが，請求する場合には理由を明らかにしなければならない。

解　説

① 計算総説

(1) 計算の意義

そもそも会社は営利を目的とするから，通説的な見解によれば，対外的活動

によって生じた利益を分配しなければなりません（法105条参照。**第1講①(5)**）。株式会社の場合でいえば，会社が資金を集め，この資金を元手に事業活動を行い，それによって得た利益を資金の提供者である株主に還元します。このように，企業活動とは，調達した資金を投下し，これに利益という付加価値を含めて回収するという循環過程です。この付加価値が企業活動の果実であり，成果なのです。

　そこで，会社としては，成果のうち，どの程度を株主に分配するかの限度，要するに分配可能なパイの大きさを決めなければなりません。すなわち，配当限度額の適正な算定が必要です。また，市場に対しては，会社の財務内容を開示することが求められます（**第14講①**）。特に会社を取り巻く多くの利害関係者（stake holder）にとっては，会社に関する重要な情報を知ることは，自らの権利・利益を保護するために必要です。そうしたことから，債権者等の利害関係者に対する情報提供が要請されるわけです。

　特に大会社・公開会社においては，多数の株主・債権者が存在しますから，配当限度の適正な算定および利害関係者に対する情報提供という課題を達成するために，法をもって会社の計算関係を規制する必要性が顕著だといえるでしょう。

(2) 利益と報酬

　会社は，設備投資等のための内部留保により，高収益の期待できる財務体質を確保・維持しつつ，会社の構成員たる株主に剰余金を配当します。会社は営利を目的とし，構成員（株主）に対する利益の分配が要求されますから（法105条2項），株式会社においては，会社の利潤を極大化し，株主の利益の最大化を実現することが最重要課題となります。この剰余金配当の規模は，経営判断の問題ですが，各期の利益の状況，翌期以降の利益の見通しおよびキャッシュ・フローの状況などを総合的に考慮しなければなりません。

　一方，取締役には報酬が支払われます（**第9講④**）。会社の利潤を極大化し，株主の利益の最大化を実現するためには，取締役の経営努力が不可欠です。取締役がどれだけ努力しても，株主のみが利益の分配に与るというのでは，経営

に対するインセンティブは生じにくいでしょう。したがって，取締役の報酬も，個々の役割の大きさと貢献度に応じて決定されることが求められるのです。

(3)　資本

　株式会社は，現代経済社会の最も重要な取引主体ですから，日々きわめて大量の取引を行っています。多数の債権を取得する一方で，膨大な債務もまた負担するのです。そこには必ず会社に対する債権者が存在しています。しかし，株式会社においては，株主有限責任の原則を採用していますから，株主から直接債権の回収を図ることはできません（第2講3）。

　そうなると取引先などの債権者にとっては，会社の財産が唯一の担保となります。したがって，債権者を保護するためには，会社財産（すなわち，債務の弁済能力）の確保を図る必要があります。そこで，法は，会社財産の実質的確保を図るための一種のノルマを課しました。これが資本です（法445条1項）。

　会社の設立または株式募集時には，資本（またはその増加額）に相当する会社財産が会社に受け入れられることが求められ（資本充実の原則），いったん充実された後は資本に相当する会社財産が維持されない限り，財産が会社から流出することを原則的に禁止します（資本維持の原則）。資本充実の具体的規定には，発起人・取締役の資本充実責任（法52条・213条）などがあり[1]，資本維持のあらわれとしては剰余金分配の財源規制（法446条・461条）を挙げることができます。

　このように，資本は会社債権者保護のための制度ですが，現実には主として設立時と配当規制の面でしか機能しておらず，その存在意義は希薄化しつつあります。このため，債権者としては，自らの債権を保全するため，自己防衛せざるを得ません。したがって，法制上は，会計の適正や開示（disclosure）の強化により，債権者の保護を図る必要が高まるわけです。

---

1) 設立に際して発行する株式の数を定款記載事項とはせずに，出資額を定めれば足りるものとしたうえで（法27条4号），出資が行われない株式については，会社成立後の新株発行と同様に失権する。

②　剰余金の配当

(1)　財源規制（剰余金配当の範囲）

　会社法では，株主に対する金銭等の分配（利益の配当，中間配当，資本金・準備金の減少に伴う払戻し）と自己株式の有償取得・有償償却につき，これらを「剰余金分配」として統一的な財源規制を課しています（法446条・461条）。

　株主に対する金銭等の分配や自己株式の有償取得など，会社財産の払戻しは，株主に対する会社財産の流出という面からは同じ性質を有するものです。会社財産の払戻しを規制する趣旨は，会社財産が債権者の担保財産と考えられるからです。

　なお，次の各場合の自己株式取得については，この財源規制の例外として扱われています（法155条・166条1項・170条5項等参照）。

> ①　吸収合併，会社分割および事業全部の譲受けにより，相手方の有する自己株式を取得する場合（法461条1項参照）
> ②　組織再編行為時の株式買取請求（法785条1項等），組織再編行為以外の場合の株式買取請求（同116条1項）に応じて自己株式を買い取る場合
> ③　単元未満株主の買取請求に応じて買い受ける場合（法192条1項）

　なぜならば，これらは，会社が不可避的または義務的に自己株式を有償取得する場合であり，財源規制を課すことに合理性がないからです。より厳密には，①ではそもそも財源規制にかからず，②③では払戻額が分配可能額を超過する場合であっても取締役等の会社に対する超過額支払義務が生じません（法464条参照）。

(2)　配当限度額の計算方法

　剰余金分配の財源規制における分配可能額の算定方法は，
「剰余金の分配可能額＝最終の貸借対照表上の留保利益等の額－最終の貸借対照表上の自己株式の価額等－当期に分配した金銭等の価額」
です（法446条・461条2項，計規150条・158条）。

　より簡潔に表現すれば，

「分配可能額＝その他利益剰余金＋その他資本剰余金－自己株式」
となります。

　これは，最終の貸借対照表上の留保利益等から最終の貸借対照表上の自己株式の価額等および当期に分配した金銭等の価額（現に金銭等の分配または自己株式の取得をした価額）を控除する方法で算定するよう規定したものです。

　また，期中における随時の払戻しにも対応するために，最終決算期の貸借対照表から算出される分配可能額には，最終の決算期後その分配を行う時までの分配可能額の増減額（金銭分配・資本金の減少等による分配可能額の増減をいい，期間損益による変動は含まない）が反映されます（法461条2項）。

　なお，資本金の額にかかわらず，純資産額が300万円を下回る場合には，剰余金があってもこれを株主に配当することができません（法458条）。これは，債権者保護の観点から，過小資本の会社の弊害を除去するための対応策として，純資産による剰余金の配当を規制するものです。

(3) 配当手続

　会社は，その株主に対し，株主総会決議によって，いつでも剰余金の配当をすることができます（法453条・454条）[2]。

　また，取締役会設置会社は，年度1回に限り，取締役会決議によって中間配当することができる旨を定款に定めることができます（法454条5項）。この点，いつでも剰余金の配当をすることができるわけですから，中間配当の制度は不要なようにも思われますが，中間配当は，取締役会限りで配当できる制度であり，株主総会の開催を要しないという実務上の利点があります。

　剰余金の配当は，原則として株主総会の権限です（法454条1項）。しかし，会計監査人設置会社（かつ，監査役会設置会社か監査等委員会設置会社・指名委員会等設置会社）であり，取締役（監査等委員会設置会社では，監査等委員以外の取

2）現物配当も許容されるが（法454条1項1号・454条4項・456条・459条1項4号），株主総会の特別決議が必要である（同309条2項10号）。公開会社が金銭配当に代えて現物配当を行う場合は少ないと思われるが，たとえば，子会社が保有する株式等の資産を剰余金分配として親会社に交付するなど，企業グループの再編に際して利用される場合は考えられよう。

締役) の任期が 1 年以内である会社は, 定款の定めにより, 剰余金の分配を取締役会の決議で決定できます (法 459 条・460 条。ちなみに, 取締役会決議で決定する以上, 当然に取締役会設置会社です)。

このように, 監査等委員会設置会社・指名委員会等設置会社のみならず, 監査役会設置会社でも, 会計監査人を設置し, 取締役の任期を 1 年として, 定款にその旨の授権規定を定めれば, 取締役会限りの剰余金分配が可能となります。ただし, この場合には, 事業報告に「取締役会に与えられた権限の行使に関する方針」を記載しなければなりません (規 126 条 10 号)。

(4)　違法配当

分配可能額を超えて剰余金配当がされた場合の効果については, 無効説と有効説が対立しています。

無効説 (多数説) は, 違法配当を法律上無効であるとします。その場合, 株主が受領した配当金は法律上原因のないものとなりますから, 会社は株主に不当利得返還請求ができるはずです (民法 703 条・704 条)。この点, 無効説では, 法 462 条 1 項を不当利得の特則だと解釈します。これに対して, 有効説は, 法 463 条 1 項では「効力を生じた日における」という文言が用いられており, これは違法配当の効果が有効であることを前提としていると主張します[3]。

また, 会社債権者も, 株主に対して, 株主が交付を受けた金銭等の帳簿価額に相当する金銭を, その債権者が会社に対して有する債権額の範囲内で支払うように請求できます (法 463 条 2 項)。

剰余金分配に関する取締役等の責任については, **第 10 講5**で解説しました。要約すれば, ①剰余金の配当を行った業務執行者 (法 462 条 1 項柱書, 計規 159

---

3) また, 有効説は, 財源規制に違反して行われた払戻行為を無効とすると, たとえば, 自己株式の取得についての違反の場合には, 株主と会社との間の二つの不当利得返還請求権が同時履行の関係に立ち (民法 533 条類推), 株主に返還すべき株式 (またはこれに相当する金銭) の返還があるまでは, 自らが交付を受けた金銭等の返還をしない, という主張を株主に許すことになって不当であると批判する。無効説からは, 同時履行の抗弁権は, 法 462 条の特則により排除されていると解すれば足りるとの再反論がなされている。高橋美加＝笠原武朗＝久保大作＝久保田安彦『会社法〔第 3 版〕』(弘文堂, 2020) 408 頁参照。

条8号），②剰余金の分配可能額（法461条2項）を超える違法な配当議案を株主総会に提案した取締役（同462条1項6号イ），③同じく違法な配当議案を取締役会に提案した取締役（同号ロ）は，会社に対し，連帯して，違法に配当された金銭の総額を支払う義務を負います。

　なお，違法配当に関し，5年以下の懲役または500万円以下の罰金という刑事制裁も設けられています（法963条5項2号）。

(5)　Case の検討

　会社が剰余金を配当するためには，株主総会決議という手続的な要件とともに（法454条），分配可能額の存在という実質的な要件を満たさなければなりません（同461条）。この分配可能額が実際になかったり，あるいは少なかったりするにもかかわらず，決算を粉飾して架空の配当可能利益を計上し，配当を行うことが，いわゆる「たこ配当」です。

　たこ配当は，法に違反する違法配当ですから，その効力は無効と解釈され（無効説），会社は株主に対し，当該配当を不当利得として返還請求できます（法462条1項）。また，会社債権者も，配当を受領した株主に対して，直接この配当を会社に返還するよう請求することができることとなります（法463条2項）。

　しかし，株主から配当を返還させるのは，費用や手間がかかるなど，きわめて難しいのが現実です。そこで，会社法では，取締役らにも，違法配当額を弁済する責任を負わせています（法462条1項・2項）。

　Case のAは，甲社の代表取締役として，違法配当を実行した取締役であり，甲社に対し，違法に配当された金銭の総額を支払う義務を負います（法462条1項6号，計規159条8号イ参照）。また，違法配当に関する取締役会の決議に賛成した取締役Bも，同様に連帯して，甲社に対し，違法配当額を弁済しなければなりません（法462条1項，計規159条8号ハ）。ただし，取締役Bが，その職務を行うについて注意を怠らなかったことを証明したときは，その弁済責任を負わないこととなります（法462条2項）。

　一方，取締役Cは，取締役会において配当議案の提出に反対していたならば，

かかる違法配当について責任を負いません。

③　資本・準備金の変動

　資本金とは，前記①(3) にも記したとおり，会社財産を会社に確保させるための一定の数額であり（法445条1項〜3項），現実に存在する会社財産とは異なります。また，準備金は，資本金を補完する制度として，貸借対照表上の資本の部に計上される計算上の数額です（法445条4項，計規22条）。

　原則として，いつでも，株主総会の決議によって，①資本・準備金の増減，②利益準備金の資本組入れ，③任意準備金の積立てなど，資本の部の計数を変動することができます（法447条・448条）。たとえば，準備金の資本組入れや（法448条1項2号）剰余金の準備金への組入れも（同451条），株主総会の普通決議を要します。

　資本金の減少については，原則的に株主総会の特別決議を要します（法309条2項9号）。ただし，定時総会における資本金の減少であって，減少額が欠損の額を超えない場合（すなわち，形式上の減資手続）は，総会の普通決議で行うことができます（法309条2項9号）。要するに，欠損塡補のための資本金の減少の場合には普通決議で足りるわけです[4]。この場合でも，債権者保護手続が必要なことに変わりはありません（法449条1項）。なお，資本金を減少する場合には，資本金の準備金への計上も認められています（法447条1項2号）。

　また，準備金の減少には，株主総会の普通決議が必要であり（法448条），債権者保護手続が求められます（同449条）。ただし，定時総会における準備金の減少であって，欠損塡補のためである場合には，債権者保護手続を要しません（法449条1項ただし書）。

---

[4]　国税庁「会社標本調査結果（税務統計から見た法人企業の実態）平成30年分」によれば，全法人272万5,293社中，欠損法人が169万2,623社で，欠損法人の割合は62.1％となっている。

④ 計算書類

事業年度末には，事業報告5)，貸借対照表，損益計算書および附属明細書を作成する必要があります（法435条）。また，主として株主資本の各項目の変動を示す「株主資本等変動計算書」や，貸借対照表等に関する注記を一覧にして表示する「個別注記表」の作成も義務づけられます（法435条2項，計規59条）。

取締役会設置会社では，株主に対し，株主総会の招集通知に際して，計算書類および監査報告などを交付しなければなりません（法437条）。監査報告とは，監査役・監査役会6)・監査等委員会・監査委員会が計算書類，事業報告，それらの附属明細書を監査して，その結果を会社に提出したものです（法381条1項・390条2項1号・399条の2第3項1号・404条2項1号，計規127条～129条）。また，会計監査人設置会社では，会計監査人が会計監査事項の監査を行い，会計監査報告を作成します（法396条1項，計規126条）。

会計監査人設置会社は，企業集団の財産および損益の状況を示すために必要かつ適当な，いわゆる連結計算書類（連結貸借対照表，連結損益計算書，連結株主資本等変動計算書，連結注記表。法444条1項，計規61条）を作成することができます（有価証券報告書提出会社である大会社については強制。法444条3項）。連結計算書類とは，子会社を含む企業グループの経営成果・財産状況を表示する書類のことです。

また，分配可能額に，その時までの期間損益を反映させるため，臨時計算書類の制度が設けられています（法441条）。これは，臨時決算日（最終事業年度の直後の事業年度に属する一定の日）における会社財産の状況を把握するために，臨時決算日における貸借対照表や同日までの期間にかかる損益計算書（臨時計算書類）を作成するものです。

なお，決算公告については，**第14講② (2)** で解説しました。

---

5) 事業報告は，その記載内容が必ずしも計算に関するものでないため，計算書類の定義には含まれていない（法435条2項）。

6) 監査役会設置会社でも，各監査役の監査報告は作成される（計規128条1項）。

⑤　会計帳簿閲覧請求権 [7]

(1)　帳簿閲覧請求の要件

　総株主の議決権の 100 分の 3 以上，または，発行済株式の 100 分の 3 以上（ともに，定款による要件の緩和は可能）を有する株主は，会社の営業時間内はいつでも，会計帳簿またはこれに関する資料（規 226 条 20 号参照）の閲覧または謄写を請求することができます（法 433 条 1 項）。これが株主の「帳簿閲覧権」と呼ばれているものです。

　閲覧の対象となる「会計帳簿又はこれに関する資料」の意義・範囲については，法文上，その範囲が明確に規定されていないことから，非限定説 [8] と限定説 [9] が対立しています。

　株主は，会計帳簿・資料の閲覧謄写を請求する場合，当該請求の理由を明らかにして行わなければなりません（法 433 条 1 項後段）。会計帳簿・資料の閲覧謄写が請求された場合，会社の側としては，請求理由と関連性ある会計帳簿等の範囲を知り，法 433 条 2 項所定の閲覧拒絶事由の有無を判断する必要があるからです。また，株主による一般的調査が安易に認められれば，会計情報の漏えい・不当利用による危険が大きくなるため，閲覧謄写請求を認めるべき会計帳簿等の範囲を明確化することにより，株主の権利保護と会社の不利益との調整を図ることも重要です。

　したがって，株主が会計帳簿等の閲覧謄写を請求するためには，単に「株主の権利を確保するため」といった記載では不十分であり，請求の理由を具体的に記載しなければなりません [10]。ただし，この場合，その請求理由を基礎づける事実が客観的に存在することの立証までは必要ないと解されています。

　このように，株主が会計帳簿等の閲覧謄写を請求するためには，請求の理由

7）帳簿閲覧権をめぐる諸問題について，菅原「閲覧謄写の対象文書たる会計帳簿の特定」『平成 18 年度重要判例解説』ジュリスト臨時増刊 1332 号 109 頁。

8）江頭憲治郎『株式会社法〔第 8 版〕』（有斐閣，2021）734 頁，高橋ほか・前掲 3）375 頁。

9）横浜地判平 3 年 4 月 19 日判時 1397 号 114 頁〔百選 A30〕，鈴木竹雄＝竹内昭夫『会社法〔第 3 版〕』（有斐閣，1994）387 頁，前田庸『会社法入門〔第 13 版〕』（有斐閣，2018）574 頁。

10）最判平 16 年 7 月 1 日民集 58 巻 5 号 1214 頁〔百選 77〕。

を具体的に記載しなければなりませんが，この理由によって閲覧対象となる会計帳簿等の範囲が限定されるかどうかについても争いがあります。

　請求理由を限定する以上，閲覧対象となる会計帳簿等の範囲も理由によって当然に限定され，株主は理由と関連性のない帳簿等の閲覧を請求できず，また，会社は無関係な閲覧を拒絶できるとする限定説があります[11]。これに対しては，理由による限定を認めると，会社がその理由との関係を株主の閲覧の範囲を制限する口実に利用する危険があることから，株主はいっさいの会計帳簿等の閲覧を請求できるとする非限定説も主張されています。

　株主としては，実際上いかなる会計帳簿等が請求理由と関連するかを知り得ないばかりでなく，会社の内部にどのような帳簿等があるのかさえ知らないのが通常でしょうから，一応すべての帳簿等の閲覧を請求できるものとし，会社の側で請求理由と関係がなく不必要であることを立証した場合にのみ，当該請求を拒み得ると解するのが妥当ではないかと思います[12]。

(2)　帳簿閲覧請求の拒絶事由

　株主から閲覧謄写請求があったとき，法定の事由に該当する場合を除き，会社はその請求を拒むことができません（法433条2項）[13]。これら拒絶事由は制限列挙ですので，拡張する解釈は許されません。

　拒絶事由には，「請求者が当該株式会社の業務と実質的に競争関係にある事業を営み，又はこれに従事するものであるとき」が挙げられています（法433条2項3号）[14]。その趣旨は，競業者等が会計帳簿・書類の閲覧等によって会社の秘密を探り，これを自己の競業に利用し，または他の競業者に知らせるこ

11）仙台高判昭49年2月18日高民集27巻1号34頁。

12）大隅健一郎＝今井宏『会社法論中巻〔第3版〕』（有斐閣，1992）504頁，上柳克郎ほか編集代表『新版注釈会社法（9）』〔和座一清〕（有斐閣，1988）210頁，江頭・前掲8）735頁。名古屋地判平成7年2月20日判タ938号223頁参照。

13）拒絶事由存否の判断基準に関し，名古屋高判平8年2月7日判タ938号221頁。

14）「実質的に競争関係にある事業を営む」場合とは，現に競業を行う会社のみならず，近い将来競業を行う蓋然性の高い会社も含まれ，また，請求者（完全子会社）がその親会社と一体的に事業を営んでいると評価することができるような場合には，親会社の業務と競争関係にある場合まで含む。東京地判平19年9月20日判時1985号140頁。

とを許せば，会社に甚大な被害を生じさせるおそれがあるため，それを防ぐことにあります。

　判例は，拒絶事由の判断にあたり，①文言上，株主の主観的意図は要件となっておらず，②一般に主観的要件の立証は困難であって，③請求時の意図にかかわらず，競業関係がある以上，入手された情報が将来競業に利用される危険性は否定できないことなどを理由に，当該株主が会社と競業をなすものであるという客観的事実のみで足りると判示しました（主観的要件不要説）[15]。

[4]　企業実務に視点からみた粉飾決算

　粉飾決算とは，会社に利益がないのにあるように見せかけるため，事実と異なる金額を財務諸表に計上して利益を操作し，虚偽の決算報告をすることです[16]。たとえば，会社の経営成績や財務状態が債務超過等で悪化している場合，これを隠匿しようとして，売上の水増しや経費の圧縮等の不正な経理操作をすることにより，黒字決算にするのが典型例です。

　粉飾決算に至る原因の大半は，経営者による自社業績の偽装目的です。粉飾決算の方法は，売上・収益を増やす（売上・収益の架空計上）か，経費を減らす（費用の圧縮）かの二通りしかありません。売上・収益の架空計上では，子会社や外部企業と通謀のうえ，偽りの請求書を発行しあって，売上を水増しするのが典型例です。

　粉飾決算では，①業績が悪ければ，融資を引き揚げられ，経営責任を追及される（動機），②ルールが形骸化し，ガバナンスが機能していない（機会），③粉飾しなければ，倒産し，従業員が失職する（正当化）というような３つの要素の「不正のトライアングル」が認められる事例が多いので，その１要素でもなくなれば，粉飾決算が予防できます。そして，特に重要なのは，これら要素の「発見」よりも，要素の発生を未然に「防止」することです。

---

15)　最決平 21 年 1 月 15 日民集 63 巻 1 号 1 頁〔百選 78〕。
16)　菅原「企業法務の観点から見た粉飾決算」税理 63 巻 10 号 92 頁。

発展課題

☑ 分配可能額の算出方法を整理し，違法配当事例が増加している背景事情を検討してみよう。

⇒ 剰余金と分配可能額の二段階の計算，自己株式の取扱いの難しさなどを整理。法446条1項1号・2号，平成23年新司法試験論文式民事系科目第2問参照。

【Case】
　甲株式会社が乙株式会社を吸収合併する場合，甲社が乙社の事業の重要な一部を譲り受ける場合，および，甲社が乙社の過半数の株式を取得する場合に関して，甲社と乙社のそれぞれについて法的に問題となる点を比較しなさい。

本講のポイント

▶ 企業再編ないし企業提携の手法としては，合併，事業譲渡，会社分割，株式交換，株式移転，株式交付，任意の株式譲渡，第三者割当増資，営業の賃貸・経営委任・損益共通契約，株式公開買付け，人事提携等々，さまざまなものがある。

▶ 合併とは，二つ以上の会社が契約によって一つの会社に合同することであり，吸収合併と新設合併がある。

▶ 一つの会社を複数の会社に分離するのが会社分割であり，吸収分割と新設分割がある。

▶ 合併や会社分割によって会社の権利義務は包括的に承継される。

▶ 完全親子会社化に利用される株式交換・株式移転のほか，令和元年改正で株式交付という制度も新設された。

▶ 吸収型の組織再編の対価に種類の限定はなく，株式のみならず，金銭その他の財産を合併等の対価とすることも可能である。

▶ 機動的な組織再編として，簡易型と略式型がある。

解　説

1　組織再編総説

(1)　企業再編・企業提携の概観

　会社は，その成長の過程において，さまざまな組織再編を行います。経営の合理化，競争回避，市場の獲得など，その目的も多種多様です。また，他の会社との提携もあれば，事業支配の変動を伴う企業買収（M&A）と呼ばれるも

のもあります。特に近年では，対象会社の賛同を得ない非友好的買収（いわゆる敵対的買収）の事例も少なくなく，その防衛策には経済界の関心も高くなっています。

これら企業再編ないし企業提携の手法としては，合併，事業譲渡（法467条1項1号・2号），会社分割（同757条・762条），株式交換（同767条），株式移転（同772条），株式交付（同2条32号の2），任意の株式譲渡（同127条），第三者割当増資，営業の賃貸・経営委任・損益共通契約（同467条1項4号），株式公開買付け（金商法27条の2～），人事提携等々，さまざまなものがあります。

(2) 合併，会社分割，株式交換・株式移転，事業譲渡[1]

2-1) 合併

合併とは，二つ以上の会社が契約によって一つの会社に合同することです。合併の種類には，吸収合併（法2条27号）と新設合併（同条28号）があります。吸収合併とは，当事会社の一つが存続して，他の会社を吸収しますが，新設合併は，全当事会社が解散して，同時に新会社が設立されます。登録免許税が安く，許認可や上場資格等が消滅しないことから，実務的には，吸収合併が多く利用されています。

合併の手続は，合併当事会社双方の取締役会の決議に基づいて（法362条4項参照），両社の代表取締役が合併契約書を締結し（同748条・749条・753条），株主総会の承認決議を得なければなりません（同783条・784条・795条・796条・804条・805条・309条2項12号）。合併に重い手続が要求されるのは，会社側は自ら合併を意図しているから不利益はないともいえますが，株主構成が大きく変動し，資産状態も変化するため，株主および債権者の利害関係に大きく影響を及ぼすからです。

こうしたことから，合併当事会社では，合併契約の内容と法務省令事項を事前に開示し，株主・債権者の閲覧に供します（法782条・794条・803条，規182条・191条・204条）。また，反対株主の株式買取請求権・新株予約権者の新株

---

1) 吸収型の組織再編（吸収合併・吸収分割・株式交換）の手続の概要につき，相澤哲ほか編著『論点解説 新・会社法』（商事法務，2006年）665頁参照。

予約権買取請求（法 785 条〜 788 条・797 条・798 条・806 条〜 809 条）や債権者異議手続（同 789 条・799 条・810 条）が規定されています。その後，登記をし（法 921 条・922 条，商業登記法 90 条・91 条）[2]，事後の開示をします（法 801 条・815 条，規 200 条・211 条・213 条）。

　これら手続の流れをまとめれば，

> ① 合併交渉，合併覚書締結
> ② 合併契約書の作成・締結（法 748 条・749 条・751 条・753 条・755 条）
> ③ 事前の開示（法 782 条・794 条・803 条）
> ④ 反対株主の株式買取請求権（法 785 条・787 条・797 条・806 条・808 条）
> ⑤ 債権者異議手続（法 789 条・799 条・810 条）
> ⑥ 合併承認決議（法 783 条・795 条・804 条・309 条 2 項 12 号）
> ⑦ 消滅会社等株主への合併対価割当て
> ⑧ 合併期日（法 749 条 1 項 6 号・750 条 1 項）
> ⑨ 登記（法 921 条・922 条）
> ⑩ 事後の開示（法 801 条・815 条）

となります。

　なお，合併によって会社の権利義務は包括的に承継されますから（法 750 条 1 項・752 条 1 項・754 条 1 項・756 条 1 項），解散する会社の清算手続は要りません（同 475 条 1 号括弧書・644 条 1 号括弧書）。

　かつては解散会社が債務超過の場合，資本充実の観点から合併できないのが原則とされていました[3]。この点，現在では，吸収合併における消滅会社が債務超過である場合，取締役はその旨を株主総会において説明しなければならないと定め（法 795 条 2 項 1 号），組織再編における差益金の計上を許容しています。したがって，存続会社が承継する負債の簿価が承継する資産の簿価を超える場合でも，所要の情報開示をすることにより，吸収合併が認められます。

　2）吸収合併（吸収分割）の効力発生日は，当事会社間で定めた一定の日である（法 749 条 1 項 6 号・750 条 1 項）。これに対して，新設合併の場合には，設立登記の日が効力発生日となる（法 814 条 1 項・816 条 1 項・49 条・579 条参照）。

　3）昭和 56 年 9 月 26 日民四 5707 号民事局第 4 課長回答。

合併の手続に瑕疵がある場合には，合併無効の訴えによります（法 828 条 1 項 7 号・8 号）。合併無効の訴えは，合併効力発生日から 6 か月以内に提起する必要があり，株主に原告適格がある場合に（同 828 条 2 項 7 号・8 号），存続会社を被告として提起できます。このように，無効の訴えの要件を厳格に定めているのは，画一的要請が強いからです。判決の効果に対世効はありますが（法 838 条），遡及効は否定されています（同 839 条）。また，無効事由は明文で定められていないため，解釈によります。特に合併比率が著しく不当不公正であることが無効事由となるか否かについては，争いがあります[4]（**第 19 講 5 (2)**）。

2-2) 会社分割

複数の会社が一つの会社へと合同するのが合併ですが，これに対して，一つの会社を複数の会社に分離するのが会社分割です。すなわち，会社分割とは，会社がその営業の全部または一部を他の会社に包括的に承継させる制度をいいます（法 757 条・762 条）。会社分割では，会社財産が個別に移転するのではなく，会社の営業が包括的に承継されますから（法 759 条 1 項・764 条 1 項），個別の債権者や取引の相手方の同意等は必要ありません。

なお，会社分割で承継されるのは，事業（営業目的のもとに組織された機能的財産の総体）ではなく，「事業に関して有する権利義務」ですから（法 2 条 29 号・30 号），営利を目的とした経済活動そのものの承継は要件でないと解釈できます。

分割手続の概要は，

① 吸収分割契約の締結（法 757 条・758 条）・新設分割計画の作成（同 762 条・763 条）
② 事前の開示（法 782 条・794 条・803 条）
③ 株主総会による吸収分割契約・新設分割計画の承認（法 783 条・784 条・795 条・796 条・804 条・805 条・309 条 2 項）
④ 債権者異議手続（法 789 条・799 条・810 条）

---

[4] 参考裁判例として，東京地判平元年 8 月 24 日判時 1331 号 136 頁，東京高判平 2 年 1 月 31 日資料版商事 77 号 193 頁〔百選 91〕，大阪地判平 12 年 5 月 13 日判時 1742 号 141 頁。相澤ほか・前掲 1）680 頁は否定する。

⑤　株主の株式買取請求・新株予約権者の新株予約権買取請求（法785条〜788
　　条・797条・798条・806条〜809条）

⑥　登記（法923条・924条），

⑦　事後の開示（法791条・801条・811条・815条）

です（この手続の流れは，合併の場合と概ね同様）。

　会社分割には，事業譲渡に類似する吸収分割と（法2条29号），特定の事業
を新設子会社に移転（分社化）する新設分割があり（同条30号），新設分割の
うち，2社以上が特定の事業分野について事業提携し，合弁会社を設立する場
合などに利用される形態を共同新設分割といいます。

　吸収合併による不動産移転は，登記が第三者対抗要件です（法750条2項）。
しかし，吸収分割においては，個々の財産の登記が対抗要件となります。吸収
分割では，吸収合併と異なり，分割会社は解散しません。しかも，吸収分割契
約には，分割会社の個々の財産につき，それが承継の対象となるか否かまでは
必ずしも記載されないので，利害関係人としては，備置・開示された書類をみ
ても承継の事実の詳細を知ることもできません。そこで，法は，分割登記によ
る画一的な対抗要件具備を断念し，個々の財産の登記を対抗要件としたのです
（民法177条）。たとえば，承継対象財産である不動産を効力発生日後に分割会
社の代表取締役が第三者に譲渡した場合には，常に二重譲渡の関係が生じ，不
動産が承継会社・第三者のいずれに帰属するかは，当該不動産の移転登記の先
後で決まります。

2-3)　株式交換・株式移転・株式交付

　株式交換は，既存の二つの会社の一方が完全親会社に，他方が完全子会社に
なるための制度で（法767条），企業買収や既存子会社の完全子会社化に利用
されます。たとえば，ある企業（A社）が，別の会社（B社）の株式を取得す
る際，両社それぞれの株主総会で決議したうえで，B社の元の株主に対してA
社の新株を与え，B社の旧株とA社の新株を交換することにより，A社がB社
を完全子会社化できることとなります。

　また，株式移転は，完全子会社となる会社の株主の有するその会社の株式を，
新たに設立する完全親会社に移転することです（法772条）。持株会社を創設

したり，既存の2社以上の会社が一つの持株会社のもとに経営統合したりする場合などに利用します。このうち，2社以上で行う株式移転を共同株式移転と呼んでいます。

　令和元年改正により，株式交付という手続が創設されました（法2条32号の2）。これは，株式会社が，他の株式会社を子会社化しようとする場合に，通常の新株発行や自己株式処分手続によらず，自社（親会社となる会社）の株式を，原則，株主総会と特別決議に基づき，対象会社（子会社となる会社）の株主に交付するものです。上場会社の場合，いわゆる自社株対価 TOB などと組み合わせて用いることが想定されています。

2-4)　事業譲渡

　事業譲渡とは，事業の全部または重要な一部を譲り渡すことであり（法467条1項1号・2号，譲受会社は同項3号。**第20講**1），株主総会の特別決議が必要です（同309条2項11号）。

　ここでいう「事業」とは，営業目的のもとに組織された機能的財産の総体のことであり，具体的には企業組織の一事業部門（財産，スタッフ，顧客，暖簾のすべて）を意味します5)。また，株主総会の特別決議を要件とするのは，事業譲渡といった会社経営の根本に関わることは株主の意向を確認することが重要だからです。

　事業譲渡は，合併のような包括的な承継ではありませんが，合併や会社分割の場合と同様，それに反対する株主は株主買取請求権を行使できます（法469条）。

②　組織再編の対価

(1)　対価の柔軟化

　吸収合併，吸収分割および株式交換の場合には，消滅会社・分割会社・完全子会社となる会社の株主に対して，存続会社等の株式を交付せずに，金銭その

5）最大判昭40年9月22日民集19巻6号1600頁〔百選85〕。

他の財産を交付することが認められます（法749条1項2号・751条1項3号・758条4号・760条5号・768条1項2号・770条1項3号）。要するに，対価の種類には限定がなく，存続会社の株式のみならず，金銭その他の財産を合併等の対価とすることも可能です。

　これに対して，新設合併や新設分割では，必ず株式を交付しなければなりません（法763条1項6号。ただし，同項8号参照）。これは，新設型再編が新たに会社を設立するという性質を有しているからです。

　したがって，吸収合併では，対価を現金のみとすることも可能ですし（交付金合併），存続会社の親会社の株式を対価として吸収合併することもできます（三角合併）。また，社債，新株予約権，新株予約権付社債等を対価としても構いません。その場合，株主ごとに交付する財産の内容を異にするような（たとえば，株主Aに存続会社等の株式を交付するが，株主Bには現金のみを交付する）処理が可能かは，一つの問題です。価値的に同じであれば認めても構わないとの見解がある一方，株主平等の原則に抵触するため，株主全員の同意が得られない限りは認められないという考え方もあります。

　これら対価の適正性については，その内容を記載した書面を事前に備置しなければなりません（事前開示書類。法782条1項・794条1項・803条1項，規182条・191条・204条）。また，その手続に異議を申し述べた債権者は，組織再編無効の訴えの提訴することができます（法828条2項）。

(2)　交付金合併と三角合併

　前記(1)のとおり，金銭のみを合併の対価とすることができますから，消滅会社の株主に金銭のみを交付する交付金合併（cash out merger）も認められます。

　これによって，存続会社の株主は，経営への影響力を維持できます。たとえば，企業グループを率いる持株会社が，傘下の子会社を他社と合併させる場合には，相手方会社に対し，当該子会社の株式を合併対価として交付する必要がないため，完全親会社・完全子会社の支配関係を維持したままの組織再編が可能となり，グループ経営戦略の継続性を図ることができます。

しかし，金銭のみを対価とした場合，既存の少数派株主を締め出す結果（キャッシュ・アウト）となることにも注意しなければなりません（キャッシュ・アウトについては，**第19講6**）。なお，交付金合併と金銭のみを対価とした株式交換によるキャッシュ・アウトの場合，非適格再編に該当し，相当な課税が生ずることから，実務上，ほとんど利用されていません。

　また，少数派株主を締め出す方法としては，三角合併があります。

　三角合併とは，存続会社の親会社の株式を対価とする吸収合併のことです。この存続会社の親会社には，海外企業も含まれることから，外国企業による日本企業の買収手法として紹介されることもあります。たとえば，国外で設立された株式会社（外国企業A）が，日本に100％子会社（日本法人B）を設立し，次に，B社は，親会社Aの株式を対価として，当該子会社と買収対象である会社（日本企業C）との間で吸収合併を行うとします。これによって，外国企業Aは，その株式を対価として，日本企業Cを100％子会社化することができるからです。

　しかし，三角合併が，あたかも「外資による買収がやりやすくなる制度」であるかのような論調は正しくありません。なぜなら，三角合併の場合においても，通常の吸収合併と同じく，合併契約書の締結には，両当事会社の取締役会の承認を経る必要があり，また，株主総会特別決議または特殊決議による合併契約書等の承認を得なければならないからです（法783条・309条2項12号・同条3項）。要するに，買収対象となった日本企業（上記例のC社）との合意がなければ，三角合併を実現することはできません。

　なお，子会社による親会社株式の取得は，原則的に禁止されています（法135条1項）。しかし，三角合併のように，組織再編に際して親会社株式が交付される場合には，その交付に必要な限度で，子会社が親会社株式を取得し，これを保有することが認められています（法800条）。

③　機動的な組織再編

(1)　簡易組織再編行為

　簡易吸収合併，簡易吸収分割，簡易株式交換において，消滅会社等の株主に交付される存続会社等の株式・社債・その他の財産の価額が，存続会社等の純資産額の 20％以下である場合には，存続会社等の株主総会の決議が要りません（法 784 条 2 項・796 条 2 項・805 条）。ちなみに，事業の重要な一部の譲渡にも，株主総会の特別決議が要求されますが[6]，総資産の 20％以下の資産が譲渡される場合には，株主総会決議が不要です（法 467 条 1 項 2 号）。

　簡易組織再編の要件を満たすために株主総会決議の手続が不要とされる場合，株主総会が不要とされる会社の株主には，株式買取請求権が与えられません（法 785 条 1 項 2 号・797 条 1 項ただし書）。これに対し，消滅会社株主は，合併承認株主総会を要する場合にあたるので，法 785 条 2 項 1 号イの要件を充足すれば，株式買取請求権を有します（同 785 条 1 項）。

　株主は，株主総会の省略に反対の通知を会社にすることができ，その反対が一定数に達した場合には，簡易な手続は認められず，総会決議をしなければなりません（法 796 条 3 項，規 197 条）。また，反対株主には，株式買取請求権の行使が認められ（法 797 条・798 条），合併契約書の内容に違法がある場合などには無効の訴えを提起することもできます（同 828 条 1 項 7 号〜 12 号）。

　なお，簡易組織再編については，差止めができません（法 796 条の 2）。

(2)　略式組織再編制度

　略式組織再編（Short Form Mergers）とは，甲社が乙社を支配している関係にある場合，甲乙の合併等，両社間の組織再編行為に際して，乙社の株主総会特別決議（または特殊決議）を省略し，いわば甲社側の一存にて組織再編を決定する制度です（法 784 条 1 項・796 条 1 項）。この場合，株主総会の決議を求めたところで，結論が変わることは考えられないからです。

6）特別決議を欠く営業譲渡の効力は無効である。前掲 5）・最大判昭 40 年 9 月 22 日。

略式組織再編が認められるためには，当事会社間に「特別支配会社」の関係があることが要件となります（法784条1項・796条1項）。この特別支配会社とは，原則として，他の会社の総株主の議決権の90％以上を保有する会社をいいます（法468条1項）。ただし，90％を上回る割合を，被支配会社の定款で定めることも可能です。また，単独で90％の議決権を保有するばかりでなく，100％子会社等が保有する議決権と合算して90％以上を保有する場合も含まれています。

　このように，当事会社間に特別支配会社の関係があれば，両社間の組織再編行為に際して，被支配会社の株主総会を省略することができます[7]。被支配会社が消滅会社等の場合でも（法784条1項本文），また，存続会社等の場合でも（同796条1項本文），略式組織再編は同様に可能となっています。ただし，被支配会社が種類株式を発行している場合には，種類株主総会の決議や種類株主全員の同意が要することがあります（法783条3項4項・795条4項）。

　略式組織再編では，簡易組織再編の場合と異なり，事前の救済措置としての差止請求権が認められています（法784条の2・796条の2）。すなわち，消滅会社等の株主は，①当該組織再編が法令・定款違反である場合，または②対価等が著しく不当である場合であって，株主が不利益を受けるおそれがあるときは，会社に対して略式組織再編をやめることを請求できます。また，反対株主に株式買取請求権が認められること（法785条・786条・797条・798条），手続に違法がある場合に無効の訴えが提起できること（同828条1項）は，簡易組織再編と同様です。

④　企業実務に視点からみた企業再編

　M&A（Mergers and Acquisitions，企業合併・買収・提携の総称）を検討する場合，その手法・スキームには，資本参加（株式譲渡，株式交換・株式移転，第三者割当増資）と資産取得（事業譲渡，会社分割）の買収，合併，資本提携・業

7）株主総会決議を省略できない場合として，法784条1項ただし書・796条1項ただし書。

務提携など，多くの選択肢がありますが，まずは代表的な手法としての株式譲渡や事業譲渡を検討するのが実務の通例です。

　どの手法を選択するかによって，得られる利益，税務・会計上のメリット・デメリットがあり，必要な手続も変わります。スキーム選択に関する検討が十分でなければ，不要な資産や負債の承継や，想定していた利益を獲得できない可能性もあります。したがって，法的期手続のみならず，M&A の目的，スケジュール，対象企業・事業の特性などにより，いかなるスキームが最適かを検討しなければなりません。

発展課題

☑ 株式会社につき，合併，会社分割，事業譲渡，営業用財産の譲渡に関する法的規制の主要な相違点を整理してみよう。

⇒ 合併・会社分割・事業譲渡が株主総会特別決議，財産譲渡は取締役会決議。債権者異議手続は合併・会社分割で必要だが，ほかは不要。なお，組織再編無効の訴えの規制もある。

【Case】
　A株式会社は，B株式会社の総株主の議決権の60%を有する株主であるが，A社とB社は，A社を存続会社，B社を消滅会社として合併をすることとなった。A社およびB社は，ここ10年間ほど1株あたりの純資産額も1株あたりの配当もほぼ同じであったが，合併契約書における合併比率は，B社株式3株に対してA社株式1株の割合となっている（合併交付金はない）。
　B社の株主総会では，総株主の議決権の70%を有する株主が合併に賛成，総株主の議決権の30%の株主が合併に反対で，合併契約書が承認された。B社の株主Xは，どのような手段をとることができるか。

本講のポイント

▶株式会社の合併，会社分割，株式交換・株式移転など，重大な内容の決議が株主総会で行われた場合，その決議に反対する株主は，会社に対して，株式買取請求権を行使できる。

▶株式買取請求権が行使された場合の買取価格は「株式の公正な価格」であり，いわゆるシナジーの分配が含まれる場合もある。

▶組織再編に際し，一定の債権者に異議を述べる機会を与え，保護を与えている。

▶債権者異議手続の対象となる債権者は，その異議に対して会社が弁済・担保提供・弁済用財産の信託という措置をとることができる者に限られる。

▶詐害的・濫用的な会社分割に対応するため，債権者の直接履行請求権が認められる。

▶簡易組織再編を除く組織再編では，差止請求が認められている。また，合併・会社分割・株式交換・株式移転・株式交付には無効の訴えもある。

▶キャッシュ・アウトの方法には，全部取得条項付種類株式，株式併合，特別支配株主の株式等売渡請求などがある。

解　説

① 株式買取請求権・新株予約権買取請求権

(1)　株式買取請求権

　株式会社の合併，会社分割，株式交換・株式移転など，重大な内容の決議が株主総会で行われた場合，その決議に反対する株主は，会社に対して，自己の所有する株式を買い取るよう請求することができます。これを株式買取請求権といい（法785条・786条），組織再編行為，事業譲渡・譲受けの場合，すべての株主に権利が認められます[1]。承認株主総会で議決権を行使できる株主ばかりでなく（法785条2項1号イ・797条2項1号イ。イ号株主），議決権制限株主や単元未満株主など，株主総会において議決権を行使する機会のない株主についても，法定期間内に反対の意思を通知することにより，株式買取請求権が行使できます（同785条2項1号ロ・797条2項1号ロ。ロ号株主）。

　株式買取請求権には，①少数派株主の投下資本回収の機会を確保し，②不当な決議の成立を予防する，という機能があります。行使の期間は，合併等の効力発生日の20日前から効力発生日の前日までです（法785条5項・797条5項）。

　株式買取請求権が行使された場合の買取価格は，「株式の公正な価格」です（法785条1項）[2]。この「公正な価格」には，いわゆるシナジー（組織再編による相乗効果。すなわち，合併から生ずることが合理的に見込まれる利益）の分配が含まれる場合もあり，実務上，その算定には注意しなければなりません。たとえば，株式を合併対価とした場合には，合併契約書上の合併比率を決定する際に，シナジーを考慮しますから，交付される存続会社株式にシナジーが含まれるのが通常でしょう。

---

1)　名義書換未了株主に株式買取請求を認めなかった裁判例として，東京地決平21年10月19日金判1329号30頁（法130条参照）。

2)　合併によって企業価値の増加が生じない場合は，合併契約を承認する株主総会決議がされることがなければ当該株式が有していたであろう価格であり（最決平23年4月19日民集65巻3号1311頁〔百選86〕），合併によって企業価値が増加する場合には，その増加分が公正に分配され，少数株主が受け取ることになる対価の額である（最決平24年2月29日民集66巻3号1784頁〔百選87〕）。「公正な価格」の算定基準日は，いずれも当該株式買取請求がされた日と解される。

この買取価格の算定にあたっては，直近の市場株価のみならず，DFC（Discount Cash Flow）法などに基づく株式の収益価格を算出することにより，合併から生ずることが合理的に見込まれる利益を織り込んだ株式評価を行うことになります。

なお，価格が整わない場合は，株主だけでなく，会社からも裁判所に対して価格の決定を請求できるようになっています（法786条2項）。

(2) 新株予約権買取請求権

合併契約等で定められた承継の具体的な条件が，新株予約権発行時に定めた条件と異なるときは，消滅会社等の新株予約権者は，消滅会社等に対し，自己の有する新株予約権を公正な価格で買い取ることを請求できます（法787条1項・808条1項）。

買取価格について協議が整わなかった場合には，新株予約権者または消滅会社等は，裁判所に対して，価格の決定を申し立てることができます（法788条2項・809条2項）。また，買取請求権の実効性を担保するため，消滅会社等は，新株予約権者に対し，組織再編に関する通知または公告をする必要があります（法787条3項4項，808条3項4項）。

② 債権者異議手続

株式会社の合併，会社分割，株式交換・株式移転の内容によっては，当事会社の債権者に何らかの不利益が及ぶこともあり得ます。そこで，組織再編に際し，一定の債権者[3]に異議を述べる機会を与え，保護を与えることにしています（債権者異議手続）。

組織再編の当事会社は，①組織再編を行うこと，②組織再編の当事会社の商号・住所，③組織再編に異議があれば申し出る旨（官報掲載翌日から1か月以内とするのが一般的であり最短です），④決算公告の掲載紙・掲載頁を公告し，知

---

3) 債権者異議手続の対象となる債権者について，江頭憲治郎『株式会社法〔第8版〕』（有斐閣，2021）948頁。

れている債権者には個別催告する必要があります（法 789 条 2 項・799 条 2 項・810 条 2 項）。

　債権者異議手続の対象となる債権者は，その異議に対して会社が弁済・担保提供・弁済用財産の信託という措置をとることができる者に限られます（法 789 条 5 項・799 条 5 項・810 条 5 項）[4]。たとえば，新設分割の場合では，「新設分割後新設分割株式会社に対して債務の履行を請求することができない新設分割株式会社の債権者」と規定しています（法 810 条 1 項 2 号）。

　法 810 条 2 項の各別の催告を要する債権者とは，同条 1 項の規定により異議を述べることができる債権者です。また，「知れている債権者」とは，当事会社において債権者が特定され，債権発生原因がおおむね会社に判明している債権者をいいます[5]。なお，当事会社が設立して間もないなど，「知れている債権者」がいない場合であっても，官報公告は省略できません。

　催告懈怠の効果について，たとえば，新設分割に異議を述べることができる分割会社の「債権者」が「各別の催告」を受けなかった場合には，①「分割会社」に対し，分割会社が効力発生日に有していた財産の価額を限度として，また，②「設立会社」に対しては，承継した財産の価額を限度として，債務の履行を請求することができます（法 764 条 2 項・3 項）。

③　詐害的会社分割

　債務超過の会社が会社分割して，重要資産を承継会社に移し，一部の債務の移転をした場合，残存債権者はほとんど弁済を受けることができず，債権者が害される可能性が十分にあります。たとえば，吸収分割では，株式以外の財産を交付する場合があるため，対価が不当であれば不当な財産の流出が生じて，債権者が害されます。また，共同新設分割の場合は，割当比率により，分割会社が移転した純資産の価額に等しい対価を取得できないこともあります。このように分割対価が承継する権利義務の価額に比して不当に低額である場合には，

4）江頭・前掲 3）730 頁。
5）大判昭 7 年 4 月 30 日民集 11 号 706 頁〔百選 79〕。

分割会社の残存債権者を害する結果となります。こうした会社分割が濫用的・詐害的に利用されている実例を見過ごすことはできません。

詐害的・濫用的な会社分割に対応するため，平成26年改正により，詐害的会社分割の場合の直接履行請求権が定められました（法759条4項・761条4項・764条4項・766条4項）[6]。残存債権者は，承継会社・新設会社に対し，承継した財産の価額を限度として債務の請求が可能です。ただし，吸収分割の場合，承継会社が債権者を害することを知らなかった場合には請求することができません（法759条4項ただし書）。

なお，残存債権者の債務請求については，残存債権者を害することを知って会社分割をしたことを知った時から2年以内に請求（または請求の予告）をしないと時効消滅するほか，会社分割の効力発生日から20年の除斥期間が存在します。

4 組織再編の差止め

(1) 差止めの趣旨

簡易組織再編を除く組織再編では，差止請求が認められています（法784条2項・784条の2・796条2項・796条の2・805条の2）。事後的に組織再編の効力を争う組織再編無効の訴えもありますが（法828条），事後的な効力否定では関係者の法律関係を不安定にするおそれがあるため，事前の救済手段としての差止めが必要です。

なお，全部取得条項付種類株式の取得および株式併合についても，同様の規定が設けられています（法171条の3・182条の3）。

(2) 差止めの要件

組織再編に係る差止請求については，①当該組織再編が法令または定款に違

---

6) ほかに分割会社の残存債権者の救済策としては，詐害行為取消権（民法424条。最判平24年10月12日民集66巻10号3311頁〔百選93〕），事業譲渡の商号続用に係る責任（法22条）の類推適用（第20講[2](2)），法人格否認の法理（第1講[3]）などが検討できる。

反する場合であって，②株主が不利益を受けるおそれがあることが要件とされ
ています。

　前記要件①の具体例としては，組織再編契約の内容が違法である場合，組織
再編契約に関する書面の不備置や不実記載，組織再編の承認決議に瑕疵がある
場合などが考えられます。ここでいう「法令」違反とは，会社を名宛人とする
ものを指しているため，役員個人の善管注意義務違反や忠実義務違反は含まれ
ません。

　要件②に関しては，組織再編の対価の不当性が含まれるかという論点があり
ます。たとえば，吸収合併の事例において，合併比率が不公正である，または，
合併対価が著しく不当である場合，差止請求はできるでしょうか。

　組織再編の差止請求権については，略式組織再編の場合（法784条の2第2
号・796条の2第2号。特別支配株主の株式等売渡請求には同179条の7第1項3号）
を除いて，条文上，対価の著しい不当性が差止事由として規定されていません。
要するに，前記要件②については，略式組織再編に対する差止請求と異なり，
組織再編の対価が当事会社の財産の状況その他の事情に照らして著しく不当で
あることは含まれていないのです。

　その理由として，以下の2点が挙げられます。第一に，略式組織再編以外の
組織再編では株主総会決議がなされるため，株式の対価の正当性については既
に議論されており，納得しない少数株主は株式買取請求によって保護されるの
で，対価の不当性を差止めの理由とする必要がありません[7]。第二に，組織再
編の差止請求は，実際には仮処分命令申立事件として争われ，裁判所は短期間
での審理が求められることから，対価の不当性を要件とすると，裁判所におけ
る審理が困難となるおそれがあることも指摘されています。

(3)　合併比率の不公正と差止め

　合併比率の不公正を理由とする差止めは，いっさい認められないのかが問題
となります。この点に関しては，株主総会決議の瑕疵を攻撃する方法での差止

　7）伊藤靖史＝大杉謙一＝田中亘＝松井秀征『リーガルクエスト　会社法〔第5版〕』（有斐閣，
　2021）418頁参照。

請求を認める余地があります（多数説）。

親子会社間の合併に際し，子会社の株主総会で親会社が議決権行使するなど，特別利害関係人の議決権行使によって，著しく不当な合併比率を定める合併契約を承認する株主総会決議が行われた場合には，当該株主総会決議には取消事由が認められます（法831条1項3号）。合併が適法な株主総会決議を欠くことになれば，そのことが「法令」違反（法783条1項または795条1項違反）に該当しますから，株主は法令違反を理由とする差止請求をすることができるわけです（同784条の2第1号）。

なお，株主による取締役の行為の差止めに基づいて差止請求をすることは認められません（法360条）。なぜならば，合併比率の不公正は，株主の不利益・不公平の問題であって，差止請求の要件である会社の「損害」の問題ではないからです。

---

⑤ 組織再編の無効の訴え

(1) 手続

合併，会社分割，株式交換・株式移転，株式交付について，無効の訴えが用意されています。

組織再編の無効判決が確定しても，効力発生の時点まで遡って無効となるのではなく，判決確定時から将来に向かって無効となります（遡及効の否定・将来効。法839条）。また，無効判決による組織再編の無効は，誰との関係でも無効とされています（対世効。法838条）。

無効の訴えは，組織再編の効力発生日から6か月以内に提起しなければなりません（法828条1項7号〜13号）。株主等の原告適格があれば（法828条2項7号〜13号）8)，会社を被告として提起できます（同834条7号〜12号の2）9)。

---

8) 会社分割無効の訴えの原告適格である「分割について承認をしなかった債権者」（法828条2項10号）とは，①債権者保護手続で異議を述べなかった債権者，②必要な各別の催告を受けなかった債権者である。江頭・前掲3）964頁。したがって，債権者保護手続の対象となっていない債権者には，分割無効の訴えの原告適格が認められない。

このように無効の訴えの要件を厳格に定めているのは，画一的処理の要請が強いからです。

(2)　無効原因

　組織再編の無効原因は明文で定められていないため，解釈によります。たとえば，①合併契約・分割計画（契約）の内容的違法・瑕疵[10]，②合併契約・分割計画（契約）に関する書面の不備置・不実記載，③株主総会招集通知もれなど，承認決議の瑕疵，④株式買取請求権や債権者異議手続の不履行，⑤独占禁止法違反（同 15 条 2 項 3 項・18 条 1 項）等が無効原因になるとされています。

　特に組織再編の対価の著しい不当が無効原因となるか否かについては，議論があります。たとえば，合併比率が著しく不当不公正である場合です。

　否定説は，仮に合併比率が不当不公正であるとしても，存続会社自体には何ら損害が生じないし，合併承認決議に反対した株主も株式買取請求権が行使できるのだから，それ自体が合併無効原因となることはないと考えます[11]。これに対して，合併比率の不公正それ自体は無効事由とならないが，特別利害関係人の議決権行使により著しく不公正な合併比率が決定されたときには，株主総会決議の取消事由となると解釈する見解があります（法 831 条 1 項 3 号）。

　組織再編無効の訴えと，承認に関する株主総会決議取消しの訴えとの関係について，通説は，組織再編の効力発生前には決議取消しの訴えの提起を認め（法 828 条 1 項 7 号・8 号参照），効力発生後は決議取消しの訴えを提起できず，またそれ以前に提起されていた決議取消しの訴えは，訴えの変更の手続により，合併無効の訴えに移行すべきであると解釈しています（吸収説）。

　会社分割無効の訴えでは，債務の履行の見込みが無効原因となるのかという論点もあります。この点の見解に対立はありますが[12]，債務の履行の見込み

---

9)　会社分割における被告適格は，分割会社と設立会社であり（法 834 条 10 号），固有必要的共同訴訟となる（民事訴訟法 40 条）。

10)　大判昭 19 年 8 月 25 日大判民集 23 巻 524 頁（合併契約書の内容的瑕疵），名古屋地判平 19 年 11 月 21 日金判 1294 号 60 頁〔百選 92〕（合併契約の意思表示の瑕疵）。

11)　東京高判平 2 年 1 月 31 日資料版商事 77 号 193 頁〔百選 91〕。

12)　江頭・前掲 3）945 頁。

がないことによる債権者の保護は，むしろ債権者異議手続で図るべきではない
かと思います。

　なお，多くの裁判例において，会社に損害が発生しない以上，合併比率の不
公平を理由とする法423条に基づく取締役等の責任追及も否定されています13)。

(3)　Case の考え方

　親会社が子会社を吸収合併するに際して，合併比率を不当と考える子会社の
少数株主が自己の権利の保護を図るため，どのような法的手段があるかが問題
です。

　たとえば，少数株主が合併比率の不当性等を知るための情報の収集方法，株
式買取請求権の行使の可否（前記①(1)），合併比率の不当性と合併無効の訴え
との関係，子会社の合併承認決議における親会社の議決権行使と株主総会決議
取消事由との関係（前記(2)）などを検討する必要があります。

⑥　キャッシュ・アウトと株式等売渡請求

(1)　キャッシュ・アウト

　キャッシュ・アウト（cash out）とは，現金を対価として少数株主を強制的
に会社から排除することであり，スクイーズ・アウト（squeeze out）とも呼ば
れます14)。たとえば，連結納税制度が直接・間接に100% の株式を保有する子
会社に適用される現状の下，親会社の側には，連結納税制度を利用するために
少数派株主を整理しておきたいというニーズがあるでしょう。また，効率的・
機動的なグループ経営を推進するために，親会社の方針に反対する株主の排除
を検討する場合があるかもしれません。

　キャッシュ・アウトの方法としては，①金銭のみを対価とした交付金合併や
株式交換（第18講①(2)），②全部取得条項付種類株式（法108条1項7号・2項

---

13) 大阪地判平12年5月31日判タ1061号246頁。
14) 菅原「ベンチャー企業と株式―株式発行政策と少数株主への対応」山本爲三郎編『企業法の法
　　理』（慶應義塾大学出版会，2012）44頁。

7 号・171 条〜 178 条。**第 4 講** ① (1)），③株式併合（同 180 条〜 182 条の 6。**第 5 講** ⑤ (1)），④特別支配株主の株式等売渡請求（同 179 条〜 179 条の 10。後記 (2)）があります。

　②の全部取得条項付種類株式は，会社が全部取得条項付種類株式の取得をしたうえで，少数株主の有する株式をいったん端株にした後，その端株を会社が現金で少数株主から取得する（端数処理）ことにより，支配株主に議決権を集中させるという仕組みです[15]。また，③は，株式併合により，少数派を 1 株未満の端数しか有さない株主とし（法 308 条 1 項参照），その端数を金銭処理します。

　ところで，当初より少数派株主を締め出すことのみを目的として，金銭を対価とする組織再編を行うことについては議論があります。組織再編に際しては，会社としての正当な目的（proper business purpose）が必要かどうか，特に非公開会社において，少数派株主を排除すること以外に何ら事業目的に資するところがなく，不公平であるという根拠に基づいて合併の有効性を争えるか，という課題を考察しなければなりません[16]。

(2)　特別支配株主の株式等売渡請求

　全部取得条項付種類株式などを利用するキャッシュ・アウトは，手続が比較的煩雑で，特に中小企業にとっては現実的な選択肢ではありませんでした。

　平成 26 年改正では，90％以上の株式を有する株主（特別支配株主）が，他の株主全員に対し，その株式全部を，自己（特別支配株主）に直接売り渡すよう請求できる制度が設けられています（特別支配株主の株式等売渡請求。法 179 条）。新株予約権者がある場合は，その全員に対しても，同様の請求できます。

　特別支配株主が，この売渡請求をするためには，対象株式の売買価格，当該株式を取得する日（取得日）等を定めて，売り渡す側の株主（売渡株主）に請求しなければならず（法 179 条の 2），また，会社の取締役会による承認を受けなければなりません（同 179 条の 3）。これに対し，売渡株主は，特別支配株主

---

15) 高橋美加＝笠原武明＝久保大作＝久保田安彦『会社法〔第 3 版〕』（弘文堂，2020）474 頁。
16) 伊藤ほか・前掲 7）402 頁。

が提示した株式の価格が会社の財産の状況等の事情から著しく不当である場合で，売渡株主が不利益を受けるおそれがあるときは，特別支配株主に売渡請求をやめるよう請求できます（法179条の7）。また，売渡株主は，取得日の20日前から取得日の前日までの間に，裁判所に売買価格の決定を申し立てることもできます。さらに，取得日から6か月以内であれば，売渡株主らは売渡請求の無効の訴えを起こすことができるものの（法846条の2），敗訴した場合に重過失等があったときは，特別支配株主に損害を賠償する責任を負います（同846条の9）。

７ 組織変更

　会社法では，たとえば，合同会社から株式会社へと変更するなど，会社の組織類型を変更することが認められます（法743条・2条26号）。これを「組織変更」といいます。

　持分会社（合名会社・合資会社・合同会社）の総社員の同意があれば，株式会社へと組織変更できるし（法781条1項），株式会社の総株主の同意があれば，持分会社へと組織変更もできます（同776条1項）。

　また，合名会社・合資会社・合同会社の持分会社の間では，組織変更の手続によることなく，定款変更により社員の責任の在り方を変えることで，柔軟に他の種類の持分会社へと変更することができます（法638条）。

　合同会社では，無限責任社員を追加したり，一部社員を無限責任化したりすれば，合資会社へと変更できますし，また，社員全部を無限責任化すれば，合名会社となります。合資会社の場合には，無限責任社員全員が退社ないし有限責任化すれば，合同会社となり，有限責任社員全員が退社ないし無限責任化すれば，合名会社へと変更できます。同様に合名会社では，社員全員を有限責任化すれば，合同会社へと変更できるし，有限責任社員を追加したり，一部社員を有限責任化したりすれば，合資会社となることができるわけです。

8　企業実務に視点からみた会社分割・事業譲渡

　自社の事業を他社に譲り渡す（カーブアウト取引）という現象面では，会社分割と事業譲渡は類似しますが，両者には，**第20講**①(2) のとおり，いくつかの相違点ないし長短があります。したがって，企業再編の当事者としては，かかる長短を比較検討しながら，いずれかの手段を選択することになるでしょう。

　この点，会社分割と事業譲渡の選択については，対価，債権者保護手続（権利・義務の承継）および許認可等の承継の三つが重要です。

　第一の対価に関し，会社分割の場合，対価として自社株式を交付することができるため，資金調達の必要がありません。この点，事業譲渡を選択すれば，譲受会社は，事業譲渡の対価相当額の金銭を調達しなければなりません。そこで，譲渡対価が多額になる場合には，会社分割に優位性が認められるでしょう。その反面，会社分割では，譲渡会社が譲受会社の株式を保有する結果となりますから，譲受会社の経営に影響力を有することになります。したがって，こうした経営権に対する影響を懸念するのであれば，譲受会社としては，金銭による事業譲渡を選択すべきこととなるでしょう。

　第二の要点は，権利・義務の承継です。事業譲渡は，特定承継行為ですから，個別に契約の相手方の同意を得る必要があります。たとえば，売掛金債権の承継については債権譲渡の手続が必要ですし（民法467条），買掛金債務の承継には債権者である仕入先等の同意を得なければなりません。このため，債権者が多数に及ぶ場合には，相当の時間と労力が必要となります。この点，会社分割では，債権者異議手続を履践しなければなりませんが，その効力の発生により，分割会社の契約上の地位は相手方の同意なしに承継されるため，個別に契約の相手方の同意を得る必要はありません。したがって，債権者数が多い場合や個別に同意を得ることに困難な事情が認められる場合等は，会社分割を選択すべきことになるでしょう。

　第三には，許認可などの承継の可否も重要です。事業の継続性の観点からは，譲渡する事業に関する許認可が承継されるか否かについて，十分な事前調査と対応策が講じられなければなりません。

これら対価，債権者異議手続，許認可の承継の可否，さらには労働者の承継[17] などを総合的に考慮して，事業譲渡と会社分割のいずれを選択すべきかを慎重に判断する必要があるのです。

発展課題

☑ 敵対的買収とは何か，その目的，敵対的買収を仕掛けられやすい企業の特徴，敵対的買収の防衛策と注意点について，整理・検討してみよう。

⇒ 敵対的買収を仕掛けられやすい企業の特徴としては，①株価が割安で持ち株比率が低い，②独自コンテンツや特許がある，③買収防衛策が講じられていないなど。防衛策を講じることにより，株主や従業員に不利益になることもあるほか，株式の流動性が下がるなどのデメリットにも注意が必要である。参考裁判例として，東京高決平 17 年 3 月 23 日判時 1899 号 56 頁〔百選 99〕（ニッポン放送事件），東京高決平 17 年 6 月 15 日判時 1900 号 155 頁〔百選 A38〕（ニレコ事件），最決平 19 年 8 月 7 日民集 61 巻 5 号 2215 頁〔百選 100〕（ブルドックソース事件）。伊藤ほか・前掲 7）464 頁，高橋ほか・前掲 14）534 頁，菅原『新しい会社法の知識〔全訂版〕』（商事法務，2006）299 頁参照。

17）会社分割には，会社分割に伴う労働契約の承継等に関する法律（労働契約承継法）が適用される。菅野和夫『労働法〔第 12 版〕』（弘文堂，2019）767 頁。

【Case】

　個人事業として飲食店と旅館業を営んできた A は，その事業のうち「甲ホテル」という名称をもつ旅館の経営が困難になってきたので，知人 B に申し入れ，旅館事業をそっくり引き継いでもらうことにした。B は，A からの申入れを受け，新たに「Y 観光株式会社」という商号の会社を設立し，Y 社が「甲ホテル」を A から引き継ぎ，従来の「甲ホテル」という名称のまま旅館の事業を継続していくこととなった。

(1) B が「甲ホテル」を承継し，「Y 観光株式会社」を設立するには，どのような方法が考えられるか。

(2) A が「甲ホテル」を経営していた時期に同ホテルに対して債権を有していた X は，Y 社に対して自己の債権を行使することができるか。

本講のポイント

▶ 事業譲渡は，事業の全部または重要な一部を譲り渡すことであり，株主総会の特別決議が必要である。

▶ 事業とは，営業目的のもとに組織された機能的財産の総体である。

▶ 事業譲渡に反対する株主は株式買取請求権を行使できる。

▶ 事業譲渡には，事業活動の承継が必要とされている。

▶ 総資産の 20％以下の資産が譲渡される場合は，株主総会決議が必要ない。

▶ 事業譲渡手続に違反がある場合，取引の相手方の善意悪意を問わず無効である。

▶ 譲受会社が譲渡会社の商号を引き続き使用する場合には，その譲受会社も，譲渡会社の営業によって生じた債務を弁済する責任を負う。

▶ 事業譲渡の譲受人が債務引受広告したときは，債権者は譲受人に対して弁済の請求ができる。

解　説

① 事業譲渡

(1)　総説

　事業譲渡とは，事業の全部または重要な一部を譲り渡すことであり（法467条1項1号・2号，譲受会社は同項3号）[1]，株主総会の特別決議が必要です（同309条2項11号）。

　ここでいう「事業」とは，営業目的のもとに組織された機能的財産の総体のことであり，具体的には企業組織の一事業部門（財産，スタッフ，顧客，暖簾のすべて）を意味します。たとえば，甲社が，事業用の機材・人的資源・ブランド等を譲渡したとしても，それが別々になされる限り，「重要な財産の処分」にすぎません（法362条4項1号）。しかし，これらがまとめて譲渡され，事業譲渡と評価される場合には，単なる個々の財産の総和以上の価値が移動することになります。

　事業譲渡は，会社の統治構造・収益構造に重大な変更を生じさせる取引ですから，取締役会決議では足りず，株主総会の特別決議を要件とします（法467条1項）。要するに，事業譲渡のような会社経営の根本に関わることは，実質的所有者（オーナー）である株主の意向を聴いてからにしろ，ということです。

　なお，事業譲渡は合併のような包括的な承継ではありませんが，合併や会社分割の場合と同様，それに反対する株主は株式買取請求権を行使することができます（法469条）。

(2)　会社分割との異同

　事業譲渡と類似する制度に会社分割があります（第18講①(2) 2-2)）。しかし，雇用・許認可・契約・課税関係などの面で，事業譲渡と会社分割は明確に異なっています。

---

[1] より正確には，事業譲渡とは，一定の事業目的により組織化された有機的一体としての機能的財産の移転を目的とする債権契約である。菅原「事業譲渡をめぐる実務問題」法学研究87巻9号163頁。

　会社分割は，効力発生日に一部の事業に関する権利義務を包括的に他の会社に承継させるものであり，（組織法上の）組織再編行為にあたります。そのため従業員の雇用においても，個別に契約を結びなおす必要はありません。

　これに対して，事業譲渡は，相手との合意で個別に権利義務を承継させる取引行為です。取引法上の行為である事業譲渡は，会社分割と異なり，事業に関する権利義務を承継させるためには，民法の一般原則により，相手方から個別の同意を得なければなりません。

　自社の事業を他社に譲り渡すという現象面では，事業譲渡と会社分割は類似しますが，両者には，いくつかの相違点ないし長短があります。したがって，企業再編の当事者としては，いかなる基準で法的手段を選択すべきかが実務的に重要な課題です（**第 19 講⑧**）。

(3)　事業譲渡の要件

　事業譲渡については，次の 3 要件が議論されています[2]。

① 一定の営業目的のため組織化され，有機的一体として機能する財産の譲渡
② 事業活動の承継
③ 競業避止義務の負担

　このうち要件①は，前記 (1) のとおり，具体的には企業組織の一事業部門（財産，スタッフ，顧客，暖簾のすべて）を意味します。

　要件②の事業活動の承継について，必要説（判例）と不要説が対立しています。不要説は，事業譲渡に株主総会決議を要求するのは，株主の利害に大きな影響があるからであって，事業の承継とは関係ないと主張します。しかし，承継の事実なしに，要件①のみで事業譲渡か否かを区別することは難しく，法の適用を明確化するためには，要件②が必要だと解すべきでしょう[3]。

　要件③に関し，譲渡会社が競業避止義務を負わないとすれば，譲受会社とその株主の利益が損なわれる危険が大きく，そもそも事業譲渡した経済的な意味もなくなりますから，譲渡会社は当然に競業避止義務を負うものというべきで

---

[2] 最大判昭 40 年 9 月 22 日民集 19 巻 6 号 1600 頁〔百選 85〕は，3 要件を肯定する。

す。この点，事業譲渡した会社は，「同一の市町村の区域内及びこれに隣接する市町村の区域内においては，その事業を譲渡した日から 20 年間は，同一の事業を行ってはならない」と定められています（法 21 条。この期間は，特約により最大 30 年までとできる）。要件③は，要件①②が認められれば，認められることから，要件ではなく，むしろ効果というべきかもしれません。

(4)　重要な一部の譲渡

　株主総会決議を要件とするのは，会社の「事業の重要な一部の譲渡」です（法 467 条 1 項 2 号）。そこでいう「重要な」の判断方法が一つの論点となります。

　この点，総資産の 20％以下（定款で引下げ可）の資産が譲渡される場合は，規制の対象ではありません（法 467 条 1 項 2 号括弧書）。要するに，総資産額の 5 分の 1 を超える帳簿価格の事業譲渡に株主総会決議が必要なのです。

　しかし，総資産 20％という量的側面を満たしただけでは，「重要な一部の譲渡」とはいえません。重要な一部かどうかは，量的側面に加えて，実質的に重要といえるかどうかという質的側面も検討する必要があります。

(5)　手続

　事業譲渡では，原則として，株主総会の特別決議が必要です（法 467 条 1 項・309 条 2 項 11 号）[4]。しかし，前記 (4) のとおり，譲渡財産の帳簿価格が総資産額の 5 分の 1 を超えない場合には，譲渡会社の株主総会は必要ありません。これが簡易手続です。

　また，特別支配会社（総株主の議決権の 90％以上を保有する会社）に対する事

　3）株主総会の特別決議を欠く事業譲渡は無効と解すべきであるが（後掲・最判昭 61 年 9 月 11 日），こうした総会決議の瑕疵は譲渡会社の内部的事情であり，譲受会社や債権者にとって必ずしも明らかではない。こうした状況にかんがみれば，総会決議の要否の判断に際して，競業避止義務の負担とともに，事業の承継の事実を要件とすれば，より法律関係が明確となる。その結果，債権者等の外部からでも，総会決議を要する事業譲渡の存否が判別しやすくなり，取引の安全を図ることができよう。菅原・前掲 1）165 頁。

　4）事業の全部の譲受けの場合には，譲受会社も株主総会の特別決議が必要となる（法 467 条 1 項 3 号）。

業譲渡の場合には，株主総会決議による承認が必要ありません（法 468 条 1 項）。株主総会の決議を求めたところで，結論が変わることは考えられないからです。これを略式手続といいます。

　反対株主には，株式買取請求権を与える必要があります。株主総会で事業譲渡について反対した株主に対して，買取請求権があることを 20 日前までに通知しなければなりません（法 469 条）。

(6)　手続違反の効果

　事業譲渡手続に違反がある場合，判例・通説は，事業譲渡の影響の大きさと株主保護の見地から，その効力は，取引の相手方の善意悪意を問わず絶対的に無効であると解しています[5]。したがって，株主総会決議がない限り，有効になることはありません。

　その無効は，相手方を著しく不安定な立場に置かないようにするため，相手方からも主張できます。ただし，事業譲渡後，長期間を経過してはじめて当事者の一方が無効を主張するような特段の事情がある場合には，信義則により当該主張が禁じられることはあります[6]。

(7)　親会社による子会社株式等の譲渡

　株式会社は，その子会社株式等の全部または一部を譲渡する場合で，事業譲渡と実質的に類似するような場合には，当該譲渡の効力発生日の前日までに，株主総会の特別決議によって当該譲渡に係る契約の承認を受けなければなりません（法 467 条 1 項 2 号の 2）。

　事業譲渡と実質的に類似するような場合とは，具体的には，「当該譲渡により譲り渡す株式又は持分の帳簿価額が当該株式会社の総資産額として法務省令で定める方法により算定される額の 5 分の 1（これを下回る割合を定款で定めた

5）最判昭 61 年 9 月 11 日判時 1215 号 125 頁〔百選 6〕。
6）前掲 5）・最判昭 61 年 9 月 11 日は，事業譲渡の契約後 20 年間を経てはじめて無効を主張しており，また，両社の株主・会社債権者等の利害関係人が無効を問題にしたこともまったくないという事例である。

場合にあっては，その割合）を超えるとき」であって，かつ，「当該株式会社が，効力発生日において当該子会社の議決権の総数の過半数の議決権を有しないとき」をいいます（法467条1項2号の2イ・ロ）。この場合，事業譲渡に関する法467条〜470条の規律も適用されます。

② 事業譲渡と債権者保護

(1) 問題の所在

事業譲渡は，実務的には組織再編の一手段として利用されますが，会社分割その他の組織再編と異なり，債権者異議手続が法定されていません。その理由は，事業譲渡は取引法上の特定承継行為であるため，債務者の地位の移転（債務引受）には個別に債権者の同意を得る必要があるからです。すなわち，譲渡対象の事業を構成する債務または契約上の地位を移転させる際には，債権者にその諾否の機会が与えられているため，債権者異議手続を要しないと考えられています。

しかし，債権者異議手続が法定されていないからといって，不適正な対価または方法による事業譲渡が許されるわけではありません。そこで，事業譲渡における債権者保護が重要な課題となるわけです。悪用的な事業譲渡に対する債権者の救済方法としては，①商号続用，②債務引受広告，③法人格否認の法理，④詐害行為取消権の行使，⑤詐害的事業譲渡における債権者保護などがあります[7]。

(2) 商号続用

事業譲渡がなされたとしても，譲受会社は，債権者に対して当然に義務者となるわけではありません。営業上の債権者に対する関係では，譲渡会社が依然として債務者であり，譲受会社は，債務引受等の債権移転手続を行わない限り，営業上の債務についてその債務者とはならないのが原則です。

---

7) 菅原・前掲1) 170頁。

　これに対して，事業の譲受会社の債権者に対する責任を定めたのが，法 22条 1 項（商法 17 条 1 項）です。譲受会社が譲渡会社の商号を引き続き使用する場合には，その譲受会社も，譲渡会社の営業によって生じた債務を弁済する責任を負います。この場合，その債務は，譲渡会社と譲受会社の不真正連帯債務になります。

　この規定の趣旨に関し，外観法理・禁反言法理説によれば，譲受人が譲渡人の商号を続用する場合には，営業上の債権者は営業主体の交替を知りえず，譲受人たる現営業主を自己の債務者と考えるか，または，営業譲渡の事実を知っていても，そのような場合には譲受人において債務の引受けがなされたものと考えるのが常態であるとし，これを債権者の信頼を保護する規定だと解しています。外観法理・禁反言法理説は，従来の通説とされており，判例もこの考え方に立脚することを明言しますが[8]，学説上は批判も多いところです。仮に外観法理を根拠とするのであれば，債権者が悪意の場合にその適用が排除されるはずですが，文言上は債権者の主観が考慮されていません。また，商号が続用されたとしても，債権者は，営業主体の交替を知るのが通例であり，また，譲受人に債務引受けの意思がないことを知っているのがむしろ常態だからです[9]。

　なお，事業譲渡に伴い譲受会社の責任が問われるのは，商号の続用を伴う事業譲渡であることが前提となりますが，法 22 条 1 項は，単に「商号を引き続き使用する場合」としか規定していません。そこで，商号の続用があるといい得るのは，どのような場合であるのかが問題となります。この点に関し，従来の裁判例は，譲受人が譲渡人の商号とまったく同一の商号を継続して使用する場合に限るというような厳格な解釈をしておらず，その主要部分に共通点があれば，商号の続用を認定する傾向にあります。また，屋号が続用されている場合や，ゴルフクラブの名称が続用されている場合[10] などについても，同項の類推適用を認める裁判例があります。

[8]　最判昭 47 年 3 月 2 日民集 26 巻 2 号 183 頁。
[9]　菅原「洋服販売業の営業譲渡を受けた会社が，譲渡会社の屋号を商号として続用した場合，商法 26 条 1 項の類推適用が否定された事例」法学研究 81 巻 5 号 99 頁。
[10]　最判平 16 年 2 月 20 日民集 58 巻 2 号 367 頁等。

227

(3) 債務引受広告

　事業譲渡があり，商号を譲受会社が引き続き使用しない場合であっても，事業の譲受人が譲渡人の営業によって生じた債務を引き受ける旨の広告（債務引受広告）をしたときは，債権者は譲受会社に対して弁済の請求ができます（法23条1項，商法18条1項）。通説は，その根拠についても商号続用の責任と同様，禁反言法理・外観法理に求めています。

　事業譲渡に際して債権者に挨拶状を発信する例は多いでしょうが，こうした挨拶状が債務引受広告に該当するか否かについては，大きく二つの考え方に分かれています。第一は，債務を引き受ける旨の文言の記載がなくても，社会通念上，債権者において，譲受会社が譲渡会社の事業によって生じた債務を引き受けたものと信じるような趣旨の広告であれば足りるとします[11]。第二は，単なる事業の譲受けという表示で譲渡会社の事業により生じた債務を引き受けるという意味をもつものと認めることはできないと解する立場です[12]。

　前者のほうが，債権者の保護には厚いのですが，一方的な債務引受広告に拘束力を認め，かつ債務を生じさせることは，現行法の体系上，いわば異例のことですから，その適用は慎重でなければなりません。また，取引実務においても，単なる挨拶状が法的効果を生むと考えないのが通例でしょう。したがって，後者の考え方が妥当だと解されます。

(4) 法人格否認と詐害行為取消権

　たとえば，事業の維持のため新会社を設立し，旧会社の負債はそのままに資産のみを譲渡し，事業譲渡についての対価は支払われなかったという事案では，法人格否認の法理が適用され（**第1講③**），新会社は，旧会社の債権者に対し，旧会社と別人格であることをもって旧会社の債務を免れることはできないと判示した裁判例があります[13]。他方，新会社が旧会社から設備および営業権の一部の譲渡を受けたという事案では，新会社が譲受と引き換えに設備および営業

---

11) 最判昭29年10月7日民集8巻10号1795頁。
12) 最判昭36年10月13日民集15巻9号2320頁。
13) 東京地判平7年9月7日判タ918号233頁。

権の合理的な対価と認められる額に相当する債務の引受けも行っていることを認定し，法人格の濫用を認めなかった裁判例もあります[14]。実務的には，事業譲渡の対価に相当性が認められるか否かが重要でしょう。

　また，事業譲渡は取引行為ですから，当該取引行為が債務者である譲渡企業が優良事業を第三債務者である譲受企業に廉価で譲渡するなど，譲渡企業の債権者の債権を侵害するような場合には，民法の詐害行為取消権により，事業譲渡を取り消すことができます（民法 424 条）。

(5)　詐害事業譲渡における残存債務者保護

　譲渡会社が譲受会社に承継されない債務の債権者（残存債権者）を害することを知って事業を譲渡した場合には，残存債権者は，その譲受会社に対して，承継した財産の価額を限度として，当該債務の履行を請求することができます（法 23 条の 2）。

　ただし，残存債権者は，このような事業譲渡が行われたことを知ったときから 2 年以内に請求や請求の予告をしないと，この権利行使ができなくなります。また，譲渡会社が破産・民事再生手続・会社更生手続の開始決定を受けたときは，債権者を害する行為に対しては否認権の行使など，管財人等が対応することになるため，残存債権者が権利行使することはできません。

　ちなみに，詐害的な会社分割にも，同様の規定が設けられています（法 759 条 4 項・761 条 4 項・764 条 4 項・766 条 4 項。**第 19 講 3**）。

(6)　Case の検討

　B がホテルを承継し，Y 会社を設立するためには，①ホテルを現物出資して Y 社を設立する，②Y 社設立中に財産引受けする，③設立後の Y にホテルを事業譲渡するなどが検討できます。

　現物出資やホテルという屋号を続用する場合にも，法 22 条 1 項は類推適用できると考えられます[15]。また，法人格否認の法理の適用の可否も検討すべき

14）千葉地松戸支判平 10 年 11 月 17 日判タ 1045 号 255 頁。

でしょう。

(1) 解散と清算

　会社の場合，原則として永続することが前提となっている点で，自然人とは異なります。しかし，①定款に定めた存続期間の満了や解散事由の発生（法471条1号・2号），②株主総会の特別決議（同471条3号・309条2項11号），③吸収合併による消滅（同471条4号），④破産手続開始の決定（同471条5号），⑤解散を命ずる裁判（同471条6号・824条1項・833条1項），⑥休眠会社の整理手続（同472条）の各場合には解散します。解散とは，その目的としてきた事業をやめ，消滅するための手続に入ることです。

　このうち，休眠会社の整理手続における「休眠会社」とは，当該会社に関する登記が最後にあった日から12年経過したものをいいます（法472条1項）。この場合に，法務大臣の請求により休眠会社の整理がなされ，解散したものとみなされます。

(2) 清算

　会社の法人格は，解散によって直ちに消滅するわけではありません。その後始末としての清算手続が必要です。会社は，清算期間中，清算の目的の範囲内で存続し（法476条。清算株式会社），その終了によって会社は消滅することとなります。

　清算事務を行うのが，清算人であり，その職務は，① 現務の結了，② 債権の取立て・債務の弁済，③ 残余財産の分配です（法481条）。

　各株主は，分配を受けることのできる残余財産に代えて，その価額に相当する金銭の分配を請求することができます（法505条3項）。なお，清算会社は，残余財産の分配を除き，自己株式取得や剰余金配当など，株主に対する金銭の

---

15) 前掲8)・最判昭47年3月2日（現物出資），最判平20年6月10日判時2014号150頁（会社分割）。

支払いをすることができませんし（法509条1項1号・2号），清算会社が完全子会社となるような株式交換・株式移転も認められません（同項3号）。

(3)　会社の倒産

　会社が終焉を迎える事例の大半は，経済的な破綻，すなわち倒産の場合です。ただし，経済的に破綻したとしても，会社が消滅する場合ばかりではなく（清算型），これを維持していく方針で倒産処理をしていく方法もあります（再建型）。

　清算型の倒産処理は，会社の全財産を換価し，債権者に債務を弁済して，会社を解体するものであり，破産（破産法）と特別清算（法510条〜574条）がこれに該当します。また，再建型の倒産処理とは，会社に再建の見込みがある場合に，利害関係人が協力することによって事業の再建を図る手続であり，民事再生（民事再生法）と会社更生（会社更生法）があります。

　再建型の倒産処理のうち，民事再生では，経済的に破綻した会社（再生債務者）自身が手続の主体となり，再生手続を進めることが基本となります。また，会社更生手続は，株式会社にのみ適用される，最も強力な再建手続であり，現実には相当に大規模な事案にのみ適用されています。

(4)　特別清算

　特別清算は，清算中の株式会社について，清算手続を開始したにもかかわらず，清算の遂行に著しい支障を来すべき事情，または，債務超過の疑いがある場合にとられる手続です。裁判所は，①手続費用の予納がないとき，②清算を結了する見込みのないことが明らかなとき，③債権者の一般の利益に反することが明らかなとき，④不誠実な申立てがなされたときを除き，特別清算開始の命令をします（法514条）。

　そして，裁判所は，①特別清算が結了したとき，②特別清算の必要がなくなったとき，清算人・監査役・債権者・株主・調査委員の申立てにより，特別清算の終結を決定します（法573条）。

④ 企業実務に視点からみた事業譲渡

　仮に会社法上の事業譲渡や会社分割に基づく事業の承継が行われていたとしても，対外的な告知に「事業の移管」等の用語が使用されていれば，外部からはその法的な評価が簡単ではありません。

　特に債権者が譲受会社に対して商号続用（法22条1項）や債務引受広告（同23条1項）による責任を主張しようとする場合，事業譲渡の存否に関する紛争が生じる可能性は高くなります。しかし，事業譲渡の当事者と第三者との間で事業譲渡をめぐる紛争が生じた場合には，譲渡契約の当事者以外の第三者が事業譲渡の存在等に関する証拠を利用することができないのがむしろ通常でしょう。このため，実務上は，事業譲渡の存在を推認する方法が問題となるわけです。

　裁判実務においては，譲渡会社・譲受会社の事業内容の同一性，人的・物的な関係，契約の経緯，契約の動機・目的等の客観的な事情を積み上げ，事業譲渡の存在が判断されることになり，その存在が一応推認されるような場合には，相手方が明確にそれを否定するような反証をしない限り，事業譲渡の存在が認められます[16]。

　ただし，この推認の方法は，事業譲渡の存在を証明するには有用ですが，事業譲渡の具体的な内容を証明するには限界がある点に留意しなければなりません。たとえば，特定の債務，特定の契約上の地位が当該事業譲渡の内容に含まれているか否かについては，入手可能な譲渡契約書ないし関係書類，移転登記を表す登記事項証明書，関係者の証言等，他の立証方法を検討する必要があります。

---

16) 升田純「現代型取引をめぐる裁判例（4）」判時1647号17頁。

発展課題

☑ M&A により事業承継を行う場合の実務的論点を整理してみよう。

⇒ 承継先の検討，雇用の承継，資金調達の選択肢，後継者の状況など。

☑ 事業譲渡の交渉が打ち切られる主な原因には何があるか考えてみよう。

⇒ 金額，従業員の再雇用，工場継続の可否，情報開示の不足，当事者の不用意な発言，不法行為など。

判 例 索 引

事 項 索 引

240

著者紹介

弁護士，慶應義塾大学大学院法務研究科（法科大学院）教授。
得意分野は，商法・会社法，経済法，国際取引，情報法務，リスクマ
ネジメント等の企業法務全般，取扱案件としては，航空運送関係，損
害賠償一般，国際カルテル，労働災害，破産管財事件等，上場会社の
企業内弁護士および法務・コンプライアンス担当役員，東京弁護士会
国際取引法部事務局長，法制審議会商法部会委員等を歴任。
『企業法務入門 20 講』（勁草書房），『新しい会社法の知識〔全訂版〕』
（商事法務），『詳解 個人情報保護法と企業法務〔第 7 版〕』（民事法研
究会），『企業トラブルの解決・予防法』（こう書房）ほか，著書・論
文多数。

会社法入門 20 講

2021 年 8 月 20 日　第 1 版第 1 刷発行

著　者　菅　原　貴与志

発行者　井　村　寿　人

発行所　株式会社　勁　草　書　房

112-0005 東京都文京区水道2-1-1　振替　00150-2-175253
（編集）電話 03-3815-5277／FAX 03-3814-6968
（営業）電話 03-3814-6861／FAX 03-3814-6854
本文組版 プログレス・理想社・中永製本